2016

Hermann Multhaupt

Es freut sich der Engel Schar

24 Weihnachtsgeschichten um Martin Luther

Hermann Multhaupt

Es freut sich der Engel Schar

24 Weihnachtsgeschichten um Martin Luther

benno

Bildnachweis
Rahmen für Überschriften: © alexrockheart/Fotolia
Vignette unten: © Neyro/Fotolia
Seite 8, 35, 37, 41, 87, 100: © Erica Guilane-Nachez/Fotolia
Seite 23: © Wikimedia/Torsten Schleese
Seite 46: © Peter Hermes Furian/Fotolia
Seite 66: © Natalya Levish/Fotolia
Seite 76: © Tony Baggett/Fotolia
Seite 103: © Juulijs/Fotolia
Seite 111: Kupferstich von Carl August Schwerdgeburth (1785–1878), Verlagsarchiv
Seite 120: © Georgios Kollidas/Fotolia
Seite 122, 124, 127: © Wikimedia/RabanusFlavus

Bibliografische Information der Deutschen Nationalbibliothek
Die Deutsche Nationalbibliothek verzeichnet diese Publikation in der Deutschen Nationalbibliografie; detaillierte bibliografische Daten sind im Internet unter http://dnb.d-nb.de abrufbar.

Besuchen Sie uns im Internet:
www.st-benno.de

Gern informieren wir Sie unverbindlich und aktuell auch in unserem Newsletter zum Verlagsprogramm, zu Neuerscheinungen und Aktionen.
Einfach anmelden unter www.st-benno.de

ISBN 978-3-7462-4769-4

Covergestaltung: Ulrike Vetter, Leipzig
Coverabbildung: © akg-images/picture alliance.com
Gesamtherstellung: Kontext, Lemsel (A)

Hl. Martin

„Ist es wahr, Vater, dass die Martinsgans nach dir benannt ist?“
„Wie kommst du denn auf diese absonderliche Frage?“
Martin Luther kam angespannt und auch wohl verärgert vom Unterricht nach Hause. „Wer erzählt dir denn solchen Blödsinn?“
Der kleine Martin, zweitältester Sohn des Reformators, nannte den Namen eines Jungen, mit dem er im privaten Kreis Lateinunterricht erhielt.
Martin Luther hatte gerade den Kantor Johannes Wagner verabschiedet, der wie er die Vorzüge des Gemeindegesangs schätzte, und stand noch unter dem Tor zum „Schwarzen Kloster“, wo die Familie Luther lebte.
„Komm herein, Martin, gehen wir in mein Studierzimmer.“
Sie nahmen auf den Stühlen am Fenster Platz.
„Unser Namenspatron war ein ehrenwerter römischer Offizier, der seinen Mantel mit einem Bettler teilte.“
„Das weiß ich, Vater. Aber ich weiß auch, dass du etwas gegen die Verehrung von heiligen Männern und Frauen hast.“
„Ich fördere die Heiligenverehrung nicht, mein Sohn, weil sie überhandgenommen hat und man mancherorts die Heiligen mehr als Christus schätzt. Das ist, als wenn du zwanzig Nelken um eine Rose bindest. Sie ergeben zwar einen schönen Strauß, aber der wichtigste Schmuck, die Rose, geht in der Vielzahl der anderen Blumen unter, und ihr gebührt nicht

mehr die Auszeichnung, die sie vor den anderen hervorhebt. Es ist lobenswert, dass es viele Menschen gibt, die ein beispielhaftes Leben in der Nachfolge des Herrn Jesus führen und damit anderen Vorbild sind, doch Mittler zwischen dem Himmel und der Erde kann nur unser Herr Jesus Christus sein, verstehst du?"
Martin schluckte ein paarmal, dann nickte er.
„Aber was ist mit der Gans?"
„Also, mein Junge, am Martinstag am 11. November beginnt in der orthodoxen Kirche die Fastenzeit, die bis Weihnachten dauert. Lebensmittel wie Fett, Schmalz und Eier, die in der Fastenzeit nicht verzehrt werden dürfen, müssen bis dahin aufgebraucht sein. Am Vortag des Fastenbeginns wird deshalb noch einmal ordentlich geschlemmt. Der Martinstag ist auch das Ende des bäuerlichen Wirtschaftsjahres. Das heißt, das Vieh kommt von der Weide in die Ställe, der Zehnte ist fällig, man probiert den neuen Wein. Meist werden die Steuern in Naturalien bezahlt, auch in Form von Gänsen. Die Gans ist die Währung der armen Leute. Schreibkundige Menschen nutzen den Federkiel der Gans zum Schreiben und die Gänsedaunen machen die Bettstatt weich."
Ungern erinnerte sich Martin Luther an die Zeit, als er noch Mönch war, oder an später, wo er, allein auf sich gestellt, sich nur ein Strohbett leisten konnte, dessen Stroh einmal sogar von seinem Schweiß zu faulen begann, weil er nicht die Zeit fand, es zu erneuern.
„Am Martinstag beginnen oder enden auch die Dienstverhältnisse. Das bedeutet, dass neues Personal eingestellt, oder altes entlassen wird."
„Verlässt uns denn jemand, Vater?"
„Nein, Martin, unsere Mägde bleiben, und auch unser Diener Wolf. Wir sind mit ihnen zufrieden und sie mit uns – hoffe

ich. Komm, nun lass uns in die Küche gehen. Mutter füllt nämlich eine Gans, eine Martinsgans mit Speckäpfeln und anderen Zutaten. Vor dem Beginn der Adventsfastenzeit sollen sich die Christen noch einmal ordentlich satt essen. Aber du weißt ja, dass ich vom Fasten nicht viel halte."
„Und warum nicht?"
„Fasten birgt die Gefahr, dass Menschen dadurch Gott gefallen möchten. Der Schweizer Reformator Huldrych Zwingli geht sogar einen Schritt weiter: Was Gott nicht geboten habe, dazu sei kein Mensch verpflichtet, meint er. Nun ja, wenn ich bedenke, dass Bruder Leib sich wohler fühlen würde, wenn mir Mutters Kochkunst nicht so gut schmeckte!" Und er klopfte dabei verschämt auf seinen Bauch.
Luther lachte, dann legte er den Arm um seinen Sohn und führte ihn in die Küche. Katharina stand am Tisch und warf einen kritischen Blick auf die Gans, bevor sie sie in den Ofen schob. „Jetzt heißt es gut aufpassen, dass das Prachtstück in regelmäßigen Abständen begossen wird", sagte sie.
Brid war dabei, Lebkuchen zu backen. Das Gebäck bestand aus Nüssen, Mandeln und Honig, verfeinert mit kostbaren Gewürzen aus fernen Ländern wie Ingwer, Anis, Nelken, Kardamon oder Koriander.
„Nun, Brid, willst du die Dämonen aus dem Haus vertreiben?", rief Luther in den Küchenlärm.
„Wieso Dämonen, Herr? Sitzen die kleinen Teufel hier in den Ecken?" Die Magd sprang auf einen Stuhl und schaute sich ängstlich um.
„Nein, steige nur wieder herunter", lachte der Hausherr. „Man sagte früher, dass der Honig und die mit ihm zubereiteten Speisen Dämonen vertreiben könnten. Aber man muss nicht alles glauben, was uns die Vorfahren weisgemacht haben."

„Ich soll einen Lebkuchenreiter nach der Taufe bekommen haben“, wusste Martin, „aber ich kann mich nicht daran erinnern.“

„Ja, und deine Geschwister Elisabeth und Magdalena bekamen eine Lebkuchenfrau“, entgegnete Luther. „Das ist das gebräuchliche Patenbrot, das die Paten ihren Patenkindern schenkten.“

Der Blick in die Küche machte hungrig. Luther spürte, dass er der Versuchung, den Finger zum Probieren in den Teig zu stecken, nicht widerstehen würde, und zog seinen Sohn beiseite. „Komm, lass uns den Ort der Versuchung meiden“, riet er. „Ich will dir in meiner Studierstube noch eine interessante Geschichte erzählen.“

Katharina lachte und die Magd Brid verzog das Gesicht zu einem Grinsen.

„Was willst du mir denn erzählen, Vater?“

„Es geht um den Butterbrief.“

„Butterbrief?“

Ehepaar Luther

„Ja. Als ich sieben Jahre alt war, im Jahre 1491 nämlich, gewährte Papst Innozenz VIII. einen Ablass für den Verzehr von Milchprodukten während der Fastenzeit. Dieser ‚Butterbrief-Ablass' galt für zwanzig Jahre. Die Gläubigen konnten ihn gegen eine Zahlung eines zwanzigsten rheinischen Guldens erhalten. Mit dem Geld finanzierte man übrigens den Bau einer Brücke über die Elbe bei Torgau."

Sohn Martin klammerte sich an den Arm seines Vaters. „Ist das wirklich wahr, oder bindest du mir einen Bären auf?"

Martin Luther strich seinem Sohn über den Kopf und bat ihn Platz zu nehmen.

„Du kannst dir vorstellen, dass ich sowohl gegen solche Ablässe als auch gegen andere Geldmachenschaften gewettert habe. Ich will dir die Hintergründe erzählen. Also, Eier, Butter und Milch waren früher in der Fastenzeit verboten. Als die Hausfrauen nun Stollen backten, durften sie nur Wasser, Mehl, Hefe und Rüböl verwenden. Das Resultat schmeckte unseren beiden sächsischen Fürsten Ernst und dessen Bruder Herzog Albrecht nicht. Sie führten gesundheitliche Schäden an, die durch die Verwendung von Rüböl entstünden, und baten den Papst um die Erlaubnis, Butter im Stollenteig verwenden zu dürfen. Darauf schickte Innozenz VIII. den so genannten ‚Butterbrief' nach Sachsen und sicherte den Fürsten zu, dass sie und ihre Frauen, Söhne und Töchter und alle Diener und das Hausgesinde Butter statt des Rüböls nehmen könnten, ohne dafür bestraft zu werden. Der Papst ließ sich diese Sondergenehmigung dennoch teuer bezahlen. Die kurfürstlichen Bäcker mussten für das Stollenbacken Abgaben entrichten, die für den Bau von Kirchen aber auch von Brücken verwendet wurden."

Magdalena, die um zwei Jahre ältere Schwester des kleinen

Martin, steckte den Kopf durch die Tür. „Ach, hier bist du, Martin. Ich habe dich überall gesucht."
„Was willst du denn von mir? Ich unterhalte mich mit Vater."
„Mutter möchte, dass du mit mir vor der Stadtkirche die Stollen für die Armen verteilst."
„Kann Paul dir nicht helfen?"
„Der steht mit einem Korb vor der Universitätskirche und verteilt an die Bettler und Landstreicher."
„Nun geh schon", ermunterte ihn der Vater. „Ich hoffe, dass Mutter ordentlich Rosinen, Sultaninen und Korinthen in die Stollen gebacken hat. Für die Ärmsten der Armen ist uns nichts zu viel."
Als das Abendläuten von der Stadtkirche ertönte, kamen die beiden zurück. Sie waren müde, doch auf ihren Gesichtern lag ein zufriedener Glanz.

Lobgesang

Margarete, die jüngste Tochter von Luther, liebte es zu singen. Sie hatte eine schöne, klare Stimme. Am liebsten sang sie des Vaters eigene Lieder. Und natürlich besaß sie sein „Geistliches Gesangbüchlein“ mit 24 Liedern. Man sah dem Einband an, dass es oft benutzt wurde, auch wenn Margarete es sorgsam hütete. In seiner Vorrede hatte der Vater geschrieben:

„Dass geistliche Lieder singen gut und Gott angenehm sei, ist, denke ich, keinem Christen verborgen … Demnach habe ich auch, zusammen mit einigen anderen, zum guten Anfang, und um denen, die es besser können, einen Anstoß zu geben, etliche geistliche Lieder zusammengestellt, um das heilige Evangelium, das jetzt vom Gottes Gnaden wieder aufgegangen ist, zu verbreiten und in Schwung zu bringen … Auch bin ich nicht der Meinung, als sollten durchs Evangelium alle Künste zu Boden geschlagen werden und vergehen, wie Übergeistliche vorgeben: sondern ich wollte gern alle Künste, besonders die Musik, im Dienste dessen sehen, der sie gegeben und geschaffen hat.“

Margarete nahm das Büchlein zur Hand, blätterte darin und las die wohlvertrauten Titel: „Nun komm, der Heiden Heiland“, „Christum wir sollen loben schon“, „Gelobet seist du, Jesu Christ“, „Vom Himmel hoch“, „Vom Himmel kam der Engel Schar“, „Mit Fried und Freud ich fahr dahin“, „Was fürcht`st du, Feind Herodes, sehr?“, „Christ lag in Todes

Banden“, „Jesus Christus, unser Heiland, der den Tod überwand“, „Komm, Gott Schöpfer, Heiliger Geist“, „Komm, Heiliger Geist, Herre Gott“ und „Nun bitten wir den Heiligen Geist“. Wie viele Katechismus-, Psalm- und weitere Lieder vervollständigen das Liedgut des Vaters! Bei den Adventsliedern blieb Margarete hängen und vertiefte sich in die Verse des schönen Liedes nach dem Lobgesang des Simon:

Mit Fried und Freud ich fahr dahin
in Gotts Wille;
getrost ist mir mein Herz und Sinn,
sanft und stille,
wie Gott mir verheißen hat:
der Tod ist mein Schlaf worden.

Das macht Christus, wahr’ Gottes Sohn,
der treu Heiland,
den du mich, Herr, hast sehen lan
und g’macht bekannt,
dass er sei das Leben mein
und Heil in Not und Sterben.

Den hast du allen vorgestellt
mit groß Gnaden,
zu seinem Reich die ganze Welt
heißen laden
durch dein teuer heilsam Wort,
an allem Ort erschollen.

Er ist das Heil und selig Licht
für die Heiden,
zu 'rleuchten, die dich kennen nicht,
und zu weiden.
Er ist deins Volks Israel
Preis, Ehre, Freud und Wonne.

Der Vater hatte sich auch als Komponist versucht, der seine eigenen Texte vertonte. Oft hatte er die Musik als vorzügliche Gabe Gottes gepriesen, die menschliche Herzen verwandeln könne und die beste Trösterin bei Traurigkeit sei.

Cranach

Am Vortag zum zweiten Advent klagte Doktor Martin Luther über Muskel- und Gliederschmerzen. Auch Ohrensausen machte sich bemerkbar. Am liebsten wäre er im Bett geblieben, doch die unfertige Predigt wartete auf ihre Vollendung. Mühsam erhob er sich. Seine Frau Katharina werkelte schon lange in der Küche. Er hörte Topfklappern und das Geräusch siedenden Wassers. Als er unter der Tür erschien, fuhr Katharina ein Schreck ins Herz. „Wie siehst du denn aus, Martin? Bist bleich wie ein Gespenst.“ Sie betastete seine Stirn. „Du bist heiß, Lieber. Du hast Fieber. Ich werde den Arzt kommen lassen.“

Luther wiegelte ab. Die Anteilnahme seiner Frau tue ihm gut. Es gehe ihm ja schon viel besser. Katharina zweifelte an den Worten ihres Mannes. Während sie ihn ins Bett zurückbeorderte und seine Waden mit kalten Wickeln kühlte, trug sie ihrem ältesten Sohn Johannes auf, aus der Apotheke Cranach ein fiebersenkendes Medikament zu besorgen. „Erzähl Onkel Lucas, in welchem Zustand Vater ist und lass dir ein wirksames Mittel geben.“

Johannes sauste los. Er sprang über Pfützen, die der tauende Schnee auf den Straßen gebildet hatte und über die Hinterlassenschaften der Pferde, die allenthalben unterwegs waren. Lucas Cranach der Ältere war nicht im Laden. Johannes brachte dem Assistenten sein Anliegen vor. „Geh nach hinten, in die Malwerkstatt, ich möchte dir nichts Falsches

mitgeben, denn die Symptome können auf eine ernste Erkrankung hinweisen."
Lucas Cranach stand an der Staffelei. Seit Kurfürst Friedrich der Weise ihn zum Hofmaler des kursächsischen Hofes ernannt und seine Nachfolger Johann der Beständige und Johann Friedrich der Großmütige ihn bestätigt hatten, beschäftigte er sich neben seiner Apotheke mit Porträtmalerei. Manchmal hatte er damit mehr zu tun als mit dem Mixen der Tinkturen und dem Zerstampfen von Kräutermischungen in seiner Apotheke.
„Ah, mein Patenkind! Schön, dass du kommst, Johannes!", begrüßte Cranach den Jungen. Johannes berichtete, was Mutter Katharina ihm aufgetragen hatte. „Vater will aber keinen Arzt", fügte er hinzu, „er meint, Ohrensausen und Gliederschmerzen verschwänden von selbst."
Lucas Cranach ging wortlos in die Apotheke, blickte den Arzneischrank entlang und entnahm ihm ein Fläschchen. „Deine Mutter soll es hiermit versuchen. Alle zwei Stunden zehn Tropfen. Heute Abend werde ich selbst nach deinem Vater sehen."
Johannes war stehengeblieben. Ein Bild, das an der Wand lehnte, fesselte seinen Blick. Es zeigte eine Krippenszene. Doch die Personen sahen nicht wie Menschen aus dem Orient aus.
„Was ist das für ein Bild?", fragte Johannes. „So etwas Schönes habe ich noch nie gesehen."
„Ich habe es für einen Patrizier gemalt. Er will es seiner Frau zu Weihnachten schenken."
Die Krippendarstellung zog Johannes in ihren Bann.
„Du musst gehen, mein Freund. Deine Mutter wartet auf die Arznei. Wenn du dich für das Bild interessierst, dann komm zurück. Es soll nämlich noch heute abgeholt werden."

Johannes lief nach Hause zum „Schwarzen Kloster". Er hatte doch schon manches Bild mit einer Krippe gesehen. Doch diese Darstellung war ungewöhnlich, einzigartig. Johannes gab das Fläschchen ab. „Du bist ja ganz aus der Puste!", rief seine Mutter. „Bist du so gerannt?"
„Ich habe eben eine Krippe gesehen. Sie ist etwas Besonders. Onkel Lucas will sie mir erklären, deshalb muss ich sofort zurück."
„Junge, was ist denn mit dir los?"
Die Frage blieb ohne Antwort. Johannes war längst davongestürmt. Lucas Cranach hatte das Bild auf einen Tisch gestellt und an die Wand angelehnt. Jetzt lag es im vollen Licht, und die Farben traten noch stärker hervor als vorhin.
„Ich habe das Bild ‚Die Geburt Christi' genannt. Meinst du, dass es fertig ist?"
„Das fragst du mich?", rief Johannes erstaunt.
„Ja. Ich möchte deine Meinung hören." Cranach sah sein Patenkind erwartungsvoll an. „Ich möchte wissen wie ein Kind – aber du bist ja schon bald ein junger Mann –, so ein Bild aufnimmt, was es dabei empfindet, verstehst du? Auf manchen Krippenbildern sieht man ganze Städte und Landschaften. Darauf habe ich verzichtet."
„Du hast dich auf die Heilige Familie konzentriert und damit auf den Kern der Weihnachtsbotschaft nach Lukas, denke ich."
Cranach nickte.
„Vater liest uns das Kapitel vom Friedensengel und den Hirten auf dem Feld stets am Heiligen Abend vor."
„Ich habe versucht, Bethlehem nach Wittenberg zu verlegen."
Johannes staunte. „Bethlehem hierher?"
„Ja, mein Freund. Dann können wir uns besser in die Lage versetzen, in der sich Maria und Josef befanden, als sie nach

dem langen Fußmarsch endlich am Ziel ankamen und keine Unterkunft fanden."
„Ah, deshalb haben sie unsere Kleidung an?"
„Richtig. Es sind Gewänder, die von uns Wittenbergern getragen werden. Betrachte zum Beispiel die Plüschärmel bei Josef und das feine Seidenkleid Marias."
Einen Augenblick herrschte Stille Dann schüttelte Johannes den Kopf. „So wie die beiden gekleidet sind, sind es aber nicht alle Wittenberger. Nur die Reichen."
Cranach war erstaunt über den Scharfsinn seines Patenkindes. Er suchte nach Worten. „Du hast recht", sagte er dann. „Die meisten Wittenberger sind einfach gekleidet, und Josef und Maria werden zu Hause, in Nazareth und in Bethlehem, auch keine vornehmen Gewänder getragen haben."
„Aber wenn jemand so reich ist, dass er diese kostbaren Kleider trägt, warum liegt das Jesuskind dann nackt in einem Trog? Unsere Winternächte sind doch sehr kalt!"
„Ich wollte die Armut Jesu zum Ausdruck bringen. Er hat sich den ärmsten Menschen angeglichen, die nicht mehr besitzen als das nackte Leben."
Johannes machte ein paar Schritte, trat näher an das Bild heran, um Einzelheiten zu betrachten, dann entfernte er sich, um wieder einen Überblick zu gewinnen.
„Auf den meisten Weihnachtsbildern liegt das Jesuskind in einer Krippe", bemerkte er dann. „Damit hättest du auch seine Armut betonen können."
Cranach nickte. „Denke nur an die Schweineställe bei unseren Bauern. Jeder weiß, wofür sie benutzt werden. Da die Eltern Jesu nichts hatten, wohinein sie ihr Kind legen konnten, kam ihnen der Trog gerade recht. Aber es wird dir nicht entgangen sein, dass ich dem Jesuskind sechs Engel zur Seite gestellt habe, kleine Putten, nackt wie Jesus, die sich dem

göttlichen Kind jedoch liebevoll zuwenden. Eines blickt zu Maria auf, als wollte es sagen: Wie geht es nun weiter, du himmlische Frau? Sieh: Maria und Josef beten das Kind an. Sie wissen ja, dass es Gottes Sohn ist und erweisen ihm die höchste Ehre."

„Und die nächste Ehre wäre, dass sie dem Kind zu essen und zu trinken geben", rief Johannes. Mir tut es von Herzen leid."

Lucas Cranach wies mit dem Zeigefinger in die rechte obere Ecke des Bildes. „Schau, die Hirten im Hintergrund überlegen gerade, was sie der Heiligen Familie schenken können. Der eine hat seinen Hut abgenommen und trägt ihn in der Hand, er weiß, dass der Ort, an dem sie sich befinden, heilig ist."

Johannes neigte sich so nah dem Bild zu, dass er es mit der Nasenspitze fast berührte. „Ich meine, ich hörte sie singen", erklärte er mit Blick auf den Chor der Engel, der oben die Bildmitte wie eine schöne Traube einnahm. „Vielleicht singen sie vom Frieden auf Erden."

„Das wäre zu wünschen, mein Junge, denn Kriege und Krankheiten sind nicht aus der Welt zu verbannen."

Oben links, fast am Rande des Bildes, tat sich hinter dem Gemäuer des Stalls ein Eckchen Landschaft auf: Die Verkündigung der Frohen Botschaft an die Hirten auf dem Felde aus gestirntem Nachthimmel trat hier so zart und stimmungsreich in Erscheinung, dass sich das Wunder der Heiligen Nacht in ergreifender Tiefe offenbarte. Ochs und Esel sahen derweil recht friedfertig aus. Sie blickten freundlich auf das Krippenkind.

„Wenn ich doch auch so malen könnte wie du", sagte Johannes nach einer Weile. „Du kannst die ganze Welt in deine Stube holen."

„Die ganze nicht, mein Freund, aber ein Stück, einen Ausschnitt. Und mit Fantasie kann dieser Ausschnitt tatsächlich zu einem Teil der großen Schöpfung werden."

Das Gesicht des Jungen glühte. Er sah bewundernd zu seinem Patenonkel auf.
„Ich habe schon einmal ein ähnliches Bild gemalt, Johannes. Das habe ich ‚Anbetung der Hirten' genannt. Auch damals habe ich das Lukas-Evangelium entfremdet, indem ich es in die heimische Landschaft, in die verschneiten, mit kahlen Bäumen bestandenen Elbwiesen um Wittenberg verlegte. Maria, Josef und die Hirten tragen die typische Kleidung deutscher Lande, weil ich die Geschichte den Menschen so nahe bringen wollte, dass sie sogar selbst Teil von ihr werden. Beiderseits habe ich die Auftraggeber dieses Bildes postiert, die gleichsam zu anbetenden Hirten wurden. Das war das Ehepaar Niemegk, das leider keine Kinder bekam. Anton Niemegk war vor Jahren Bürgermeister von Wittenberg."
In diesem Augenblick öffnete sich die Tür und Lucas Cranach der Jüngere betrat den Raum. Er war elf Jahre älter als Johannes und ging bei seinem Vater in der Lehre. Das künstlerische Talent war ihm in die Wiege gelegt, denn er zeichnete und malte im Stil seines Vaters und konnte sich seiner ersten Erfolge erfreuen.
„Vater, draußen ist ein Bote des Herrn Justinian von Holzhausen, der das Gemälde ‚Die Geburt Christi' abholen soll."
„Wie gut, lieber Johannes, dass du sofort die Gelegenheit wahrgenommen hast, das Bild zu betrachten", lächelte der Patenonkel. Darauf trug er seinem Sohn auf, das Krippenbild sorgfältig zu verpacken und dem Boten auszuhändigen.
„Ich werde später kommen, um nach deinem Vater zu sehen", sagte er beim Abschied zu dem Jungen. „Vielleicht hat die Medizin schon geholfen."
Nachdenklich und noch immer im Banne des Krippenbildes machte sich der Junge auf den Heimweg.

Die Glocke

Martin Luther und Johannes Bugenhagen waren nicht nur durch die gemeinsame Sache, die Reformation, miteinander verbunden. Sie waren auch Freunde. Der gewaltige Prediger Luther und der Stadtpfarrer an der „Mutterkirche der Reformation“ zu Wittenberg arbeiteten gemeinsam an der Lösung mancher theologischer Fragen. Beunruhigende Nachrichten kamen aus Schlesien, wo sich etwa achtzig Prozent der Gläubigen der lutherischen Lehre zuwandten, sich allerdings durch die Übermacht der Österreichischen Habsburger bedroht fühlten.

Die beiden Reformatoren machten sich derzeit Gedanken darüber, wie man dem Weihnachtsfest ein neues Gesicht geben und es aufwerten könne. So steckten sie auch in der Adventszeit 1537 die Köpfe zusammen. Sie hatten sich gerade auf ein gemeinsames Konzept für den Ablauf der Mitternachtsmette geeinigt, da sagte Luther beiläufig: „Johannes, ist dir noch nicht aufgefallen, dass die Marienglocke mittags und abends nicht mehr läutet? Katharina richtet gewöhnlich die Tischzeiten nach ihr aus und hat mich darauf aufmerksam gemacht. Ich muss gestehen, ich habe das Fehlen der Glockenschläge erst heute Mittag nach Katharinas Hinweis bemerkt.“

Bugenhagen blickte irritiert auf. „Nein, Martin, da siehst du, wie oberflächlich wir bei aller Intensität der Arbeit leben. Dabei will die Glocke uns zum Gebet und zur Besinnung rufen.“

„Ich verstehe nicht, warum der Türmer dich nicht darauf aufmerksam gemacht hat. Er muss das Fehlen doch zuerst merken."

„Der Türmer ist krank, Martin, und seine Frau hält nur nach Bränden oder feindlichen Truppen Ausschau. Mit sechs Kindern um sich kann sie sich nicht noch um die Glocken kümmern."

Johannes Luther und Johannes Bugenhagen, die beiden Söhne der Reformatoren, stürmten durchs Haus. Martin Luther hörte ihr Poltern und Geschrei. Er riss die Tür und bedeutete ihnen mit Handzeichen, näherzukommen.

„Hört einmal, ich habe eine wichtige Aufgabe für euch. Steigt bitte einmal in die Türme der Stadtkirche hinauf und seht nach, warum die Marienglocke nicht mehr läutet. Vielleicht ist ein Seil gerissen oder verklemmt. Schaut einmal nach, aber seid vorsichtig auf der Treppe."

Die Jungen sahen sich erschrocken an, Bugenhagen bemerkte, dass sein Sohn blass wurde.

„Ich habe Höhenangst, Vater, ich kann da nicht hinaufgehen. Mir wird schwindlig, wenn ich durch die Ritzen nach unten schaue."

„Seit wann denn das, Junge? Du kletterst doch auf die höchsten Bäume, und das macht dir nichts aus."

„Seit kurzem. Lass mich bitte unten."

Johannes Luther, genannt Hans, wies auf sein ramponiertes rechtes Knie hin. Er sei gestern gefallen und habe starke Schmerzen.

„Was soll ich nun davon halten?", rief Vater Luther. „Ihr tobt durchs Haus, dass die Wände wackeln, und du mit einem kranken Knie?"

„Wenn ich laufe, muss ich das Knie nicht so stark durchdrücken und belasten wie auf einer Leiter oder Treppe."

Luther entließ die Jungen, nicht ohne sie seine Enttäuschung anmerken zu lassen. Die beiden schlichen leise davon.
Luthers und Bugenhagens Söhne waren fast gleichaltrig. Johannes – Hans – Luther war 1526, Johannes Bugenhagen Junior ein Jahr später geboren worden. Am 31. Dezember 1537 würde er seinen elften Geburtstag feiern.
„Werde einer klug aus den Kerlen“, brummte Luther und schickte sich an, sich wieder der gemeinsamen Arbeit zuzuwenden, doch Johannes Bugenhagen unterbrach: „Es wird uns nichts anderes übrigbleiben, als selbst hinaufzusteigen, um nach dem Rechten zu sehen.“
„Meinst du?“
Bugenhagen lächelte und nickte.
Die beiden Freunde verabredeten sich für die Mittagszeit des nächsten Tages und betraten gemeinsam die Stadtkirche St. Marien. Die größten Schäden des von Andreas Bodenstein – genannt Karlstadt – inszenierten Bildersturmes waren beseitigt, doch hatte das Gotteshaus seine alte Schönheit noch nicht wiedergefunden. Der Zerstörungswut Karlstadts waren kostbare Gemälde und Einrichtungsgegenstände zum Opfer gefallen.
Luther und Bugenhagen stiegen die Treppen zur Glockenstube hinauf.
„Glaubst du, dass mein Sohn tatsächlich an Höhenangst leidet?“, fragte Bugenhagen, seine Stimme klang besorgt.
Luther verweilte einen Augenblick, weil ihm das Atmen schwer fiel, dann meinte er: „So wenig, wie mein Hans ein kaputtes Knie hat.“
Sie begrüßten die Frau des Türmers, die über den unerwarteten Besuch erschrak und beklagte, dass kein Ersatz für ihren erkrankten Mann geschickt worden sei. Dreimal am Tag müsse sie nach unten und wieder herauf, Einkäufe zu tätigen oder

über den Stand ihrer Beobachtungen zu berichten. Sie habe mit ihren Kindern so viel zu tun – das jüngste krähte in der Wiege –, dass sie nicht unentwegt das Fernrohr vor die Nase halten könne, um für die Sicherheit Wittenbergs Sorge zu tragen.
„Vor die Nase sollt Ihr das Rohr auch nicht halten, sondern vor das Auge“, entfuhr es Bugenhagen. Doch er versprach, Abhilfe zu schaffen.
Dann standen sie vor den Glocken. Auf den ersten Blick schien alles in Ordnung zu sein. Die Mäntel wiesen keine Risse auf, die Seile, die durch die schmalen Öffnungen nach unten führten, waren intakt. Doch dann fiel ihr Blick auf die 1422 gegossene Marienglocke. Ihr Klöppel war mit Flickenresten und breiten Stoffbändern umhüllt. In diesem Zustand konnte die Glocke keinen Ton von sich geben …
Den Männern schwante etwas. „Ich glaube, wir brauchen nach den Verursachern dieses Streiches nicht lange zu suchen“, sagte Martin Luther.
„Die Höhenkrankheit meines Sohnes ist geklärt“, nickte Johannes Bugenhagen.

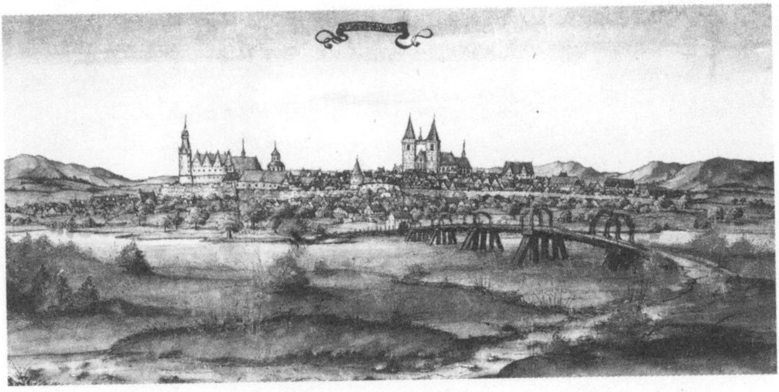

Stadtansicht Wittenberg 1536

Sie befreiten den Klöppel von seinen Fesseln und überzeugten sich, dass der vertraute Glockenton nicht gelitten hatte. Dann stiegen sie die Stufen hinab. Unterwegs überlegte jeder für sich, welches Strafmaß für den Eingriff ihrer Söhne in das Läutwerk wohl angemessen sei. Als sie das „Schwarze Kloster" betraten, standen die beiden Söhne wie reuige Sünder mit gesenkten Köpfen vor der Tür zu Luthers Studierstube.
„Freiwillig?", fragte Luther seinen Sohn. Der wusste, was gemeint war.
„Eine Woche Hof fegen und Pferdeäpfel einsammeln."
Luther nickte.
Bugenhagens Sohn Johannes beugte sich vor, um anzudeuten, dass ihm ein paar schmerzhafte Schläge auf das Hinterteil lieber seien als ein strammer Wochendienst. Doch sein Vater schickte ihn ins Kirchenarchiv, Akten abstauben. Und da sich dort inzwischen wahre Papierberge angesammelt hatten, hatte Johannes eine Woche damit zu tun.
„Wir sollten nicht zu streng mit ihnen verfahren", sagte Martin Luther lächelnd zu seinem Freund. „Unsere Söhne sind gesund und kräftig. Erinnere dich an Markus 3,17, als unser Herr den Jakobus, den Sohn des Zebedäus, und Johannes, den Bruder des Jakobus, berief und ihnen den Namen Boanerges, das bedeutet Donnerkinder oder Söhne des Donners, gab. Sind unsere Jungen nicht ebenso Donnersöhne?"

Festschmaus

Es war der Advent des Jahres 1565. Margarete von Kunheim, die jüngste Tochter Martin Luthers, war längst erwachsen und lebte seit Jahren mit ihrer Familie in Mühlhausen. Weihnachten wollte gut vorbereitet sein. Sie würde das Haus mit Tannengrün und Mistelzweigen festlich schmücken und auch Kerzen bereitstellen, so wie sie es als Kind im Elternhaus erlebt hatte. Sie besprach mit den Mägden die Arbeitsabläufe, denn schließlich war dieses Fest von der Geburt Jesu ein Höhepunkt im Kirchenjahr. Sie wusste, dass auf anderen Gütern Ostpreußens jetzt gesotten und gebraten, Gemüse geputzt und eingelagertes Obst aus den Kellern hervorgeholt wurde. Auch manche seltenen und teuren Südfrüchte, die den Weg aus den Sonnenländern Italien und Spanien in den Norden gefunden hatten, schmückten mit ihren Goldfarben die Tische. Nein, solchen Luxus leistete sich die Familie von Kunheim nicht. Maßstab war das Weihnachtsfest im Lutherischen Hause in Wittenberg, das Margarete als Kind bei aller bescheidenen Festlichkeit wie im Märchenreich empfunden hatte. Dafür hatten die Eltern gesorgt, dass die Tische trotz der großen Hausgemeinschaft nicht überquollen, denn in Wittenberg und im Umland herrschte manche Not, weil wegen der Seuchen und anderen ansteckenden Krankheiten die Bauern und Handelsleute der Stadt fernblieben und keine Lebensmittel auf die Märkte oder in die Häuser der Patrizier lieferten. Den Bauern und Handwerkern ging es dabei besonders schlecht.

Auch in Knauten und dem eine halbe Wegstunde entfernten Mühlhausen war Schmalhans Küchenmeister bei vielen. Bei den kärglichen Mahlzeiten kam Brot aus grob gemahlenen Mehlsorten auf den Tisch, oft unter Beimischung von Kleie, Hafer, Bucheckern und Zwiebeln, eingepökeltes Sauerkraut, selten ein Fleischstück, Kohl, Rüben, Lauch – die Produkte der eigenen kleinen Gärten im Sommer und Herbst. Fisch nur, wenn es nicht gerade Winterzeit war und die Teiche und Bäche keine Eisdecke trugen. Manche Bauern schlichen zur Nachtzeit an die Teiche und Bäche, um die Angel oder den Kescher in das Wasser zu tauchen, denn die Waidgerechtigkeit lag in den Händen der adligen und wohlhabenden Familien. Hier handelte Georg von Kunheim nicht nach Gesetz, sondern nach dem Herzen. Seine freigebige Frau sorgte dafür, dass in ihrem Umfeld niemand Hunger litt, so wie es auch ihre Eltern Martin und Katharina gehandhabt hatten.

Einige Tage vor dem Fest nahm Georg von Kunheim seinen Ältesten beiseite. „Darfst die Flinte tragen, Volmer“, sagte er. „Wir gehen auf die Pirsch.“
Der zwölfjährige Volmer wollte seiner Mutter stolz verkünden, wozu der Vater ihn zum ersten Mal einlud, doch der Vater legte den Finger auf den Mund. „Wenn Mutter erfährt, dass du den Schießprügel tragen darfst, bekommt sie es mit der Angst. Und die Jagd ist ihr zuwider.“
Die beiden stapften in aller Herrgottsfrühe durch den Schnee in die Landschaft hinaus. Wie weit und dunkel der Himmel war! Die eisige Luft griff nach ihnen. Sie zogen die Jacken enger um ihre Schultern, stellten die Krägen hoch und drückten die Pelzmützen tiefer auf den Kopf. Georg von Kunheim wusste, wo sich das Wild bewegte. Einer der Knechte hatte die Stelle am Waldrand „angefüttert“, wie er es nannte.

Hier lagen Heu und Gemüsereste, auch angefaulte Äpfel und Korn. Vater und Sohn bestiegen den Hochsitz und warteten. Georg besaß ein messingenes Fernrohr, mit dem er jetzt die Umgebung absuchte. Das Gewehr lag schussbereit. Es dauerte etwa eine Viertelstunde, als er am Waldrand eine leise Bewegung wahrnahm. Zwei Rehe traten aus dem Schatten der Bäume, blickten sich vorsichtig um und begannen, an den Äpfeln zu knabbern. „Das da rechts, das nehmen wir“, flüsterte der Vater und brachte die Waffe in Anschlag. Doch Volmer legte die Hand auf den Arm des Vaters. „Nicht!“, rief er, „nicht!“ Die Rehe, aufgeschreckt, verschwanden mit einem Satz zwischen den Bäumen.

„Bist du des Teufels?“, rief Georg von Kunheim. Er konnte seine Wut über die verpatzte Jagd nur mühsam bändigen. „Nun, so wird es Weihnachten kein Fleisch auf dem Tisch geben.“ Auf dem Heimweg sprach er mit seinem Sohn kein Wort. Er verschwand in seinem Arbeitszimmer und stellte die Büchse in den Schrank. Volmer eilte zur Mutter und beichtete ihr den heimlichen Jagdausflug.

„Ich mag nicht, dass Tiere geschossen werden“, rief er. „Ich liebe sie doch! Als ich die Rehe aus dem Wald kommen sah …“

„Ich weiß, mein Sohn. Ich liebe die Jagd auch nicht. Vater wird sich wieder beruhigen“, tröstete sie.

Hausmusik

Das Kind drückte die Nase an der Fensterscheibe platt. Es lauschte auf den Gesang, der aus dem Zimmer im Innern des Hauses erscholl. Es meinte, in Umrissen Kerzenschein wahrzunehmen. Doch am schönsten war das Lied, das die Menschen sangen. Den Text konnte es nicht verstehen, denn der Wind, der um die Ecke fuhr und zugleich einen Schwarm Schneeflocken vor sich hertrieb, verwehte die Worte. Eine Männerstimme war deutlich von den anderen zu unterscheiden. Sie war kräftig und rein, daneben hörte das Kind eine klare Frauenstimme und die von Kindern. Wie viele es waren, war nicht auszumachen. Das Mädchen hielt die rechte Hand ans Ohr. Jetzt meinte es auch den Text der Strophen zu erkennen, die aus dem Haus erklangen.

Er ging aus der Kammer sein,
dem königlichen Saal so rein,
Gott von Art und Mensch, ein Held;
sein' Weg er zu laufen eilt.

Das war doch eine Strophe aus „Nun komm, der Heiden Heiland" von Martin Luther. Ja, jetzt vernahm man auch deutlich den Klang einer Laute, und ertönte nicht auch eine Flöte dazwischen, deren Melodie beschwingt und fröhlich in den Himmel stieg?

Plötzlich legte sich eine Hand auf die Schulter des Mädchens. „Was machst du denn hier?", fragte eine Stimme. Sie klang nicht unfreundlich. Das Kind fuhr herum. Vor ihm stand ein Mann im dicken Winterpelz, die Hände in ledernen Handschuhen, auf dem Kopf ein Birett. In der Linken trug er ein Notenbuch.
Dem Mädchen verschlug es die Sprache, denn es hatte sich furchtbar erschrocken. „An fremden Fenstern lauschen – tut man das?"
„Nein", entgegnete es „aber das Lied und die Melodie sind so schön."
„Singst wohl auch gern, was?"
„O ja!", kam die rasche Antwort, und dann: „Bei uns singt niemand zu Hause."
„Wie heißt du denn?"
„Dorothea."
„Und wo wohnst du?"
„In der Jüdenstraße. Ich war in der Apotheke bei Meister Cranach und habe meinem Großvater eine Arznei gebracht. Jetzt war ich auf dem Weg nach Haus, als ich hier den schönen Gesang hörte."
In diesem Augenblick riss ein Windstoß dem Mann fast das Birett vom Kopf, und zugleich wehten weitere Schneeflocken um die Häuserecke. Der Fremde glättete fluchend den Samt seiner Kopfbedeckung und wischte sich die Wassertropfen aus dem Bart.
„Nun, Dorothea, ich wollte hier eigentlich auch mitsingen. Probieren wir ´s, vielleicht brauchen sie noch zwei Sänger und du bist dabei." Das Mädchen wollte gerade ablehnen, da stimmte die kleine Gesangsgruppe jenseits der Butzenscheiben ein neues Lied an.

Der Fremde stapfte auf die Haustür zu und betätigte die Glocke. Ihr Ton schepperte durch den Flur. Alsbald erschien eine Magd. „O, Meister Bugenhagen, schön dass Ihr kommt. Der Herr Luther und seine Gemahlin erwarten Euch bereits. Ah, Ihr habt noch eine kleine Sängerin mitgebracht?"
Die Magd nahm Johannes Bugenhagen den Mantel und das Birett ab. „Kannst mir deinen Wams auch geben", lachte sie. Dorothea entledigte sich zögernd ihres Mantels. Bugenhagen klopfte an eine tiefbraune Doppeltür und ein vielstimmiges „Herein" verschaffte ihm Einlass.
Dorothea konnte auf den ersten Blick nicht erkennen, wie viele Menschen im Raum versammelt waren. Kerzen standen auf dem Tisch und auf den Ständern in Fensternähe und gaben der Umgebung ein festliches, anheimelndes Gepräge. Im offenen Kamin flackerte ein Feuer.
„Aha, mein Freund, du hast einen kleinen Gast bei dir!" Martin Luther stand auf und gab dem Freund die Hand, und fast gleichzeitig beugte er sich zu dem Mädchen hinab und legte seine Hand auf dessen Kopf.
„Ja, das ist Dorothea. Sie hat mir erzählt, dass sie gern singt, und ich habe mir erlaubt, sie hereinzubitten."
„Schön, dass du da bist!", rief Katharina Luther und forderte ihre Kinder auf, auf der Bank ein wenig Platz zu machen. Magdalena, Martin und Paul rückten zusammen.
„Das sind unsere Kinder", sagte Luther und lächelte, „hast du auch Geschwister?"
„Zwei", erwiderte Dorothea, „Hans und Lenhart. Osanna ist voriges Jahr gestorben."
„Unsere Tochter Elisabeth liegt auch bereits sechs Jahre unter der Erde", seufzte Katharina Luther, doch dann hellte sich ihr Gesicht auf. „Wir haben in diesen Tagen ein echtes Christkind bekommen, Margarete heißt es. Die Muhme

Lene betreut es gerade nebenan, denn unser Gesang würde es vielleicht stören und nicht schlafen lassen."
„Aber ihr singt doch so schön", rief Dorothea. „Ich habe es draußen gehört."
Die Kinder musterten den Gast neben sich. „Kannst mal zum Spielen kommen", sagte Magdalena und reichte Dorothea die Hand.
„Gern, aber du musst mich auch besuchen."
„Versprochen, wenn du mir sagst, wo du wohnst."
Bugenhagen hatte inzwischen seine Noten ausgebreitet und eine Flöte aus dem Futteral gezogen.
„Ah, ich bekomme Unterstützung!", stellte Katharina Luther erfreut fest. „Zu zweit musiziert es sich besser."
„Oho, und was ist mit mir, Herr Käthe?" Martin Luther zeigte auf seine Laute. „Zähle ich nicht?"
„Wir spielen die Melodie, du begleitest sie nur", lachte Katharina. Darauf gab sie Freund Bugenhagen ein Zeichen und sie entlockten ihren Instrumenten eine wunderbare Melodie. Johannes Bugenhagen gehörte zu Luthers engstem Freundeskreis und trug seine reformatorischen Ideen mit. Er bekleidete das Amt des Stadtpfarrers von Wittenberg. Luther nannte ihn manchmal übermütig „Doktor Pommer", weil er aus Pommern stammte.
Dorothea horchte auf die Melodie, in die der Gesang der Kinder einfiel. „Gelobet seist du Jesu Christ", flüsterte Magdalene Dorothea zu. „Es ist Vaters bisher bekanntestes Weihnachtslied."
„Ich kenne es", nickte das Mädchen. „Es wird auch von den Katholischen gesungen."

„Gelobet seist du, Jesu Christ,
dass du Mensch geboren bist.

Von einer Jungfrau, das ist wahr,
des freuet sich der Engel Schar.
Kyrieleis.

Des ew'gen Vaters einig Kind
jetzt man in der Krippe findt;
in unser armes Fleisch und Blut
verkleidet sich das ew'ge Gut.
Kyrieleis.

Wie weich Dorotheas Stimme war! Und sie sang mit solcher Inbrunst und ohne Scheu, dass Luther entzückt war.
„Du bist ein echter Gewinn für unsere kleine Singgemeinschaft", lobte er. „Sag, willst du nicht in unseren Kinderchor eintreten?"
„Möchte schon", druckste Dorothea herum, „ich weiß aber nicht, ob ich darf."
„Soll ich mit deinen Eltern reden?"
„Besser nicht. Sie gehen nicht in Euren Gottesdienst, Herr Dr. Luther."
„Ach so."
„Ja, sie sagen, Ihr habt den heiligen Nikolaus verbannt. Jetzt bringt es keine Geschenke mehr."
„Aber das Christkind kommt doch, oder?"
„Zu uns nicht. Meine Eltern sagen: Wir machen nicht jede Mode mit."
„Das tut mir leid. Ich glaube nicht, dass es sich um eine ‚neue Mode' handelt, sondern ich möchte durch die Gestalt des Christkinds die Geburt des göttlichen Kindes mehr in die Mitte des Kirchenjahres rücken. Weil Gott uns mit seinem Sohn beschenkt hat, sollen auch die Menschen zu Weihnachten kleine Geschenke erhalten."

Dorothea dachte einen Augenblick nach. Die Geschwister auf der Bank starrten sie an.
„Aber der Bischof von Myra hat über viele Jahre Kinder froh gemacht. Er hat so viel Gutes getan. Es gibt viele schöne Geschichten von ihm und seiner Hilfsbereitschaft."
Wie sollte Luther dem Kind begreiflich machen, dass er vom Heiligenkult allgemein abrücken und Jesus Christus mehr zum Zentrum des Glaubenslebens machen wollte? Er wollte alte Bräuche ja nicht mit Brachialgewalt ausrotten, sondern hoffte auf einen allmählichen Übergang.
„Wenn St. Nikolaus in deiner Familie der Gabenbringer war, soll dieser Brauch auch weiter gepflegt werden", sagte er schließlich.
Der traurige Blick Dorotheas verwandelte sich in ein stilles Leuchten.
„Du darfst gern morgen oder übermorgen unser Gast sein", lud Katharina Luther das Mädchen ein.
Den Jungen auf der Bank wurde die Unterhaltung langweilig, sie begannen zu boxen und sich zu kneifen, wurden indes sofort zur Ordnung gerufen.
„Wir üben nämlich einige neue Weihnachtslieder ein, damit es im Gottesdienst der Weihnachtsnacht recht feierlich zugeht", ergänzte Frau Luther.
Dorothea verabschiedete sich. Man sah ihr an, dass sie am liebsten ihre Zusage gegeben hätte, doch mit Rücksicht auf die Eltern und ihre Entscheidung sagte sie besser nichts.
„Du kannst nicht allein nach Hause gehen", sagte Luther. „Es ist dunkel und kalt. Ich werde dir meinen Diener Wolf Sieberger zum Geleit mitschicken."
Ob sie zu Weihnachten wirklich ins „Schwarze Kloster" kommen durfte? Die Eltern hielten nicht viel von dem Prediger in der Universitätskirche, der immer mehr Zulauf bekam.

Dabei hatte er eine so warme, friedliche und sangesfreudige Familie …
„Vergiss nicht, dass wir zusammen spielen wollen", rief Magdalena Dorothea nach.
Dorothea nickte. „Kannst dich auf mich verlassen."
Draußen schneite es noch immer.

Für Martin Luther war der heilige Nikolaus ein „kyndisch ding", so hatte er in seiner Predigt zum Nikolausfest 1527 gesagt, den Kult jedoch zunächst bestehen lassen. In Katharinas Haushaltsbuch befanden sich im Jahre 1535 Belege für 135 Nikolausgeschenke für die Kinder sowie Jahrmarktsgeschenke für das Gesinde; geschätzte Gaben für Mägde, Knechte und Bedienstete wie Kleidung und andere praktische Dinge, die in der „Gesindeordnung" festgeschrieben waren. In Kleinpaschleben bei Köthen zogen alle Hirten um Weihnachten durchs Dorf und bliesen mit dem Kuhhorn einen Kuhreigen. An manchen Orten wurden am Nikolaustag lärmende Umzüge veranstaltet, die der Rat der Stadt Halle verbot und bei Zuwiderhandlung mit Gefängnisstrafen ahndete. „Da laufen bei uns wider aller Verbote der Obrigkeit die also genannten hall-heiligen Christen mit Kuhglocken und Schafschellen behängt auf den Gassen und Straßen noch oftmals herum, brüllen, schwärmen, schlagen an die Häuser, erschrecken die Kinder und was des Wesens mehr", notierte später der hallesche Chronist Christophorus Schubart.
So sehr Luther diese Gewohnheiten verurteilte und vom heiligen Nikolaus abrückte, umso mehr belebte er den Brauch des Christkinds als Gabenbringer. Von Conrad Cordatus, der Luthers Tischreden sammelte und Johannes Aurifaber, der sie 1568 veröffentlichte, ist bekannt, dass der Reformator seine Tochter Magdalene fragte: „Lenichen, was wird dir der Hei-

lige Christ bescheren?“ Er forcierte das Schenken im Sinne des Evangeliums als Ausdruck von Nächstenliebe und Dankbarkeit für das Geschenk, das Gott den Menschen in Jesus Christus gemacht hatte.

Die Laute

Martin Luther konnte gut singen, und seine volltönende Stimme riss die Familie mit, wenn sie gemeinsam sang. Wo gesungen und musiziert wurde, da wurden nach seiner Meinung die bösen Geister vertrieben und der Glaube gestärkt. Vieles von dem, was zum Volksliedgut gehörte, erklang und ertöne in den gemeinsamen Musikstunden am Abend.
Wenn Luther zur Laute griff, dann verstummte für ihn die Welt ringsum. Und wenn er dann noch seine Kinder um sich wusste und seine geliebte Käthe, leuchtete in seinem Gesicht der Widerschein des Paradieses. Die Laute war für ihn ein sanftes Instrument, das alles begleiten konnte, wenn Menschenstimmen jubilierten. Pauken und Trompeten mochte Luther nicht. Er konnte sich auch nicht vorstellen, dass mit ihnen im Himmel musiziert würde oder dass sie die Chöre der Engel begleiteten. Er hielt sie für „himmlisches Feldgeschrei“. Auch die Orgel war ihm nicht geheuer, denn die Pfeifen „plärren und schreien“. Was Johannes in der Geheimen Offenbarung niederschrieb, gefiel ihm schon besser: Die Engel singen dort zu Saiteninstrumenten, nämlich zu Harfen.
Margaretes ältere Geschwister hatten manchmal Anstoß genommen am Krähen der Jüngsten. „Margarete verdirbt uns den Gesang“, beschwerten sie sich. „Kannst du ihr nicht sagen, dass sie ruhig sei?“
„Nein“, sagte Vater dann bestimmt. „Sie lobt Gott auf ihre Weise. In wenigen Jahren wird sie euch mit ihrer Stimme übertreffen.“

Das geschah jedoch nie.
Später hatte sie den Vater einmal gefragt: „Woher kommen die Lieder, die du schreibst? Pflückst du sie vom Baum, oder gräbst du sie aus?"
„Nein, nein, mein Kind. Die gibt der liebe Gott mir ein."
In den folgenden Tagen hielt sie gebührenden Abstand von Vater, damit sie ihn nicht störte, wenn Gott ihm die Texte zuflüsterte.

Luther mit Laute

Auch die Hausgenossen, deren Zahl mit den Jahren wuchs, beteiligten sich an der Musik, ob freiwillig oder auf Druck des Vaters, das wusste sie nicht.
Durch Gesang erhebt sich das Herz zu Gott. Das galt für die Familie und erst recht für den Gemeindegesang. Deshalb hatte der Vater schon früh ein Gemeindegesangbuch mit 24 Liedern für das Wittenberger Kirchenvolk herausgegeben. Er lehrte seine Kinder den Text und erfand seine eigene Melodie dazu. Oder er griff auf die überlieferten Melodien zurück und formte sie ein bisschen um. Margarete war stolz darauf, dass sie ihm kurz nach ihrer Geburt zum Liedtext „Vom Himmel hoch" angeregt hatte. Immer wieder ließ sie sich die Geschichte von ihrer Mutter erzählen.

Tischrunde

„Diakon Röhrer, Ihr seid wohl ein Schnellschreiber, was? Eure Feder kratzt ja über das Papier, als wollte sie die eigenen Buchstaben überholen.“ Martin Luther führte den Bierhumpen, den er in Brusthöhe in der Hand hielt, zum Mund, trank einen gewaltigen Schluck und fuhr sich mit der Linken über die Lippen, um den Restschaum wegzuwischen. Mit einem aufmunternden Seufzer setzte er das Trinkgefäß auf den Tisch zurück. Alle in der Mittagsrunde blickten auf den Schreiber. Röhrers Gesicht lief rot an. Bevor er eine Entschuldigung stammeln konnte, rief Veit Dietrich: „Wenn er Eure Worte nicht festhält, Herr Doktor, wer soll sie denn sonst der Nachwelt überliefern?“

„Nachwelt? Ich denke, dass die Gespräche, die wir bei Tisch führen, nicht wert sind, aufgeschrieben und überliefert zu werden. Was hier geredet wird, dient der Konversation unter Freunden. Sonst dürfte ich nur Gelehrtes von mir geben statt einen Witz zu machen, und ich könnte euch nicht verraten, dass der Teufel öfter bei mir schläft als meine Frau Käthe.“

„Der Teufel?“

An diesem 8. Dezember speisten etwa vierzig Herren und am Rande Kinder am Tisch, darunter Magister, Studenten und Gäste. Die Martin Luther am nächsten saßen, Philipp Melanchthon, Probst Jonas und der Lieblingsschüler Caspar Cruziger sowie auch Freund Bugenhagen, blickten den Reformator entsetzt an. Die weiter entfernt ihre Köpfe über die

mit gesalzenem Fleisch, Hirse, Erbsen und eingelegten Gurken gefüllten Tellern neigten, darunter Lukas Cranach mit seinem Sohn, der Buchdrucker Hans Lufft, Johann Pommern und der Hausarzt Dr. Augustin Schurff, wurden erst durch die plötzliche Stille darauf aufmerksam, dass sich etwas Ungewöhnliches ereignet hatte.
„Sprecht Ihr wirklich vom Teufel?“ Goldschmidt, der Hofmeister des Grafen Mansfeld, sprach aus, was alle nicht fassen konnten.
„Nun ja“, erwiderte Luther ernst, „er schläft nicht nur neben mir im Bett, sondern auch in der Regenrinne oder im Geschirrschrank.“
In diesem Augenblick polterte es in der Küche, ein Topf fiel zu Boden und eine Schüssel zerbrach. Schreckensbleich legten einige Gäste ihr Besteck nieder.
Katharina Luther erschien auf der Türschwelle. „Warum esst ihr denn nicht? Schmeckt es euch etwa nicht?“
In das nun einsetzende verhaltene Gemurmel rief sie: „Die Muhme Lene wird den Nachtisch wohl auf dem Küchenboden servieren, nachdem der Topf umgefallen und eine Schüssel zerbrochen ist.“
Einige lachten. Die Kinder am unteren Tafelende horchten auf. Zu reden, sich in die Gespräche der Erwachsenen einzumischen, war ihnen untersagt. Sie sprachen nur, wenn sie gefragt wurden. Neben Martins und Katharinas eigenen Sprösslingen gehörten jetzt noch fünf Waisenkinder zum Haushalt, Cyriak, Fabian, Andreas, Lene und Else, die Nachkommen von Luthers Schwester Katharina und ihres Mannes, die beide jung gestorben waren. Und auch als Anna Strauß, die Enkeltochter einer anderen Schwester, der Sohn Martin seines Bruders Jakob, und Florian, der Neffe Käthes, ins Haus kamen und sich Hans Poller, ein anderer Schwestersohn, zu

ihnen gesellte, klagte der Besitzer des „Schwarzen Klosters" nicht.
Nichte Lene machte den Pflegeeltern jedoch manchen Verdruss. Sie hielt vor der Zeit, wie Käthe meinte, unschicklich nach jungen Burschen Ausschau, was allerdings nicht nötig gewesen wäre, denn die Burschen wetteiferten um ihre Gunst, was sie ausgiebig genoss. Als das Maß schließlich voll war, drohte Luther ihr, sie einem schwarzen Hüttenknecht zur Frau zu geben statt einem frommen und verdienten Mann anzutrauen.
Der Doktor unterhielt die Tischrunde gern mit Erlebnissen aus seiner früheren Mönchszeit. Er gab manche Einzelheiten zum Besten, die die um den riesigen Eichentisch versammelte Gemeinschaft mit Lachen, manchmal jedoch auch kopfschüttelnd quittierte. Cordatus und Veit Dietrich schrieben

Tischrunde mit Luther

in ihre Hefte, was sich Diakon Röhrer nicht mehr zu notieren traute. Katharina war indes ununterbrochen mit dem Auf- und Abtragen der Gerichte beschäftigt. Ein Famulus half ihr dabei und ebenso der Diener Wolf Sieberger, der aus dem „Schwarzen Kloster“ nicht mehr wegzudenken war. In der Küche hantierten mehrere Mägde, putzen Gemüse, schnitten Lauch, salzten Speck, kochten Eier, rupften Gänse, würzten Speisen, und das nicht nur mit Pfeffer und Salz, sondern auch mit getrockneten Kräutern. Das alles geschah unter dem prüfenden und kritischen Auge der Hausherrin. Das Haushaltsbuch, das sie verwaltete, bekam ihr Gatte kaum zu Gesicht. Er hätte wahrscheinlich beim Anblick des Zahlengefüges auch nur ungläubig den Kopf geschüttelt. Halt, einmal bekam er die Haushaltsführung doch zu sehen. Und er schrieb vielsagend hinein:

„Es gehört ja viel in ein Haus.
Willst du aber rechnen es aus,
so muss noch viel mehr gehn heraus.
Des nimm ein Exempel, mein Haus.“

Noch bevor Martin Luther die Tischrunde schließlich aufhob und das Dankgebet sprach, brachte Wolf die Laute herbei. „Die Musik verjagt den Geist der Traurigkeit. Wer diese Kunst kann, der ist guter Art und zu allem geschickt“, pflegte der Hausherr zu sagen, und dann griff er in die Saiten und forderte alle zum Singen auf.

Erinnerungen

Wie sich die Zeit dehnte … Es waren die frühen Morgenstunden des 9. Dezember 1565. Margarete von Kunheim, geborene Luther, lag noch wach. Sie und ihr Ehemann Georg waren spät zu Bett gegangen, doch der Schlaf wollte ihr nicht kommen. Die Gedanken machten Sprünge, verweilten in der Vergangenheit. An ihr erstes bewusst erlebtes Weihnachtsfest konnte sich Margarete noch erinnern, und vor ihrem inneren Auge entstand die Pracht der Christnacht im heimischen „Schwarzen Kloster“, wo die Familie Luther lebte.

Die Eltern – vor allem Mutter mit ihren Mägden, aber auch ihre Schwester Magdala von Bora –, hatten den größten Raum des „Schwarzen Klosters“ zu einem Festsaal herausgeputzt. Ein mächtiger Weihnachtsbaum prangte in der Mitte. Einer der Elsässer Studenten hatte berichtet, dass seit 1539 im Straßburger Münster ein Christbaum mit Äpfeln, Oblaten, dünnen, geformten Flitterplättchen aus Metall, die Zischgold hießen, und Zuckerwerk behangen werde. Inzwischen gab es auch in manchen reichen Familien diesen Brauch. Früher hatte man am 24. Dezember, dem Gedenktag Adams und Evas, einen Paradiesbaum aufgestellt und ihn mit Äpfeln, Frucht vom Baum der Erkenntnis, geziert. Der Baum sollte an den Sündenfall der Stammeltern erinnern und an die Befreiung der Menschen von der Erbsünde durch Jesus Christus.

Die Hausgemeinschaft betete zuerst und sang Weihnachtslieder, darunter auch Vaters „Gelobet seist du, Jesu Christ“, „Christum, wir sollen loben dich schon“ und „Es kommt der Heiden Heiland“. Und als Höhepunkt erklang dann das ihr, Margarete, gewidmete Lied „Vom Himmel hoch“, nachdem der Vater das Weihnachtsevangelium nach seiner Übersetzung aus dem Griechischen und Lateinischen vorgetragen hatte. Darauf bekam jeder ein kleines Geschenk. An das, was sie damals erhalten hatte, konnte sich Margarete nicht erinnern. Vater sang gern. Er war ja Chorknabe in Eisenach gewesen, hatte in der Lateinschule Unterricht in Musiktheorie erhalten und auf der Universität Erfurt neben Theologie auch Musik und Kontrapunkt studiert. Seine Devise hieß: „Gottes Wort will gepredigt und gesungen sein“.
Margarete lauschte in die Winternacht hinaus. Der Wind pfiff ums Haus. Neben ihr pfiff Georg im Schlaf durch die Nase. Er hatte einen gesunden Schlaf, um den Margarete ihn manchmal beneidete. Was genau es war, das sie wachhielt, konnte sie gar nicht sagen. Um sich die Zeit zu vertreiben, schickte sie ihre Gedanken erneut auf Wanderschaft. Gerade in der Adventszeit erinnerte sie sich oft an ihre eigene Kindheit und an das Weihnachtsfest im Haus der Eltern …

Sorgenkind

Der 10. Dezember 1527 war für die Eheleute Luther ein Freudentag, doch zugleich überschatteten Sorgen das junge Elternglück. Die erste Tochter Elisabeth trat ins Wittenberger Leben, als in der Stadt die Pest herrschte. Vorher galt die Überlegung: Sollen wir, wie viele andere, wegziehen, das Kind vielleicht in Torgau oder anderswo, wo Sicherheit vor der heimtückischen Krankheit herrscht, zur Welt kommen lassen? Luther schwankte, seine Frau Katharina von Bora stellte ihm die Entscheidung anheim. Sie sahen andere fortgehen, die wichtigste Habe auf dem Leiterwagen. Sie sahen auch die Totenkarren, die frühmorgens in der Stadt die Verstorbenen aufnahmen, doch da war auch der strenge Winter, der unablässig die Flocken durch die Straßen trieb. Und mit dem Wind, der stetig vom Elbufer herüberwehte, kamen auch die bösen Keime, die die Krankheit verursachten. Das jedenfalls behaupteten die Ärzte, die in diesen Tagen viel zu tun hatten.

„Ich möchte die Ängste, die ich im letzten Jahr ausgestanden habe, nicht noch einmal erleben", sagte Katharina und meinte damit nicht ihren hochschwangeren Zustand, sondern die Sorge um ihren Mann Martin, der damals mit einer schweren Krankheit darniederlag, die auch seinen Glauben erschüttert hatte. In seinem linken Ohr brause es wie Wellen im Meer, so drückte er sich aus. Der Ohnmacht nahe, ließ sich Luther von seinem Freund Justus Jonas Gesicht und Rücken mit kaltem Wasser behandeln, doch die Prozedur half nicht. Luther fühlte sich so schlecht, dass er von seiner Frau Abschied nahm und bei Johannes Bugenhagen die Beichte ablegte. Ein Arzt rettete ihm durch die Behandlung mit warmen Tüchern das Leben, doch Schwindelgefühl, Ohrensausen und „die Schwachheit des Kopfes" konnte auch er nicht vertreiben. Katharina widersprach heftig, als ihr Mann ihr erklärte, der Teufel wolle ihn durch diese Krankheiten vom Predigen abhalten.

Die Symptome wichen nicht, doch Elisabeth trat in Wittenberg ins Leben, in der Stadt, mit der sich die Eltern verbunden fühlten und wo der Reformator Luther vor großen Aufgaben stand. Ans Fortgehen hatte am Ende niemand mehr gedacht. Als der Vater das Mädchen zum ersten Mal auf den Arm nahm und es liebevoll anschaute, spürte er, dass ihm ein schwerer Weg durchs Leben bevorstand. Das Gesichtchen war bleich, fast gelblich, die Wimpern über den geschlossenen Augen zitterten unruhig.

„Was ist mit ihm?", fragte der besorgte Vater.

„Ich fürchte, dass Elisabeth während der Schwangerschaft durch mich mit bösen Keimen in Berührung kam", meinte Katharina. „Sie kämpft nun dagegen und ich hoffe, dass sie siegen wird."

„Vielleicht hätten wir vor zwei Monden doch fortziehen sollen."

„Das hätte nichts mehr gebracht, Martin. Hätten wir

Lutherrose

die Strapazen auf uns genommen, würden wir den kräftezehrenden Umzug für die jetzige Lage verantwortlich machen. Wir können nur hoffen – und beten."

Sohn Johannes war inzwischen eineinhalb Jahre alt. Muhme Lene versorgte ihn vorbildlich, wenn sich Katharina um Elisabeth kümmerte.
„Du hast nun bald ein lebendiges Christkind, Hans", erklärte die Mutter ihrem Sohn. Sie war nicht sicher, ob Johannes begriff, was sie meinte. Er blickte immer wieder in die Wiege, wenn das Schwesterchen schlief, oder stand, sich mit seinen kleinen Händen am Tisch festhaltend und das Köpfchen reckend neben dem Wickeltisch, wenn Elisabeth frisch gemacht wurde.
Ja, in der Tat, Weihnachten stand Elisabeth im Mittelpunkt der kleinen Festgemeinde, die sich im größten Zimmer des „Schwarzen Klosters" versammelt hatte. Die Nachbarn waren gekommen, voran die Familie Cranach. Das Ehepaar war Trauzeuge bei der Vermählung von Martin Luther und Katharina von Bora im Jahre 1525 gewesen, und Lucas Cranach der Ältere hatte die Patenschaft für ihren ersten Sohn Johannes übernommen.
„Schau dir das Kind einmal an, sein Zustand gefällt uns nicht", bat Martin, während Katharina mit ihren Mägden Brid und Eva das Festmahl auftrug. Seit 1520 führte Cranach eine gut gehende Apotheke. Da er zudem Hofmaler der kurfürstlichen Familie war, besaß er Ansehen in der Stadt und seine Meinung war gefragt.
Cranach machte ein bedenkliches Gesicht. Er zählte einige Medikamente auf, die die Konstitution des Mädchens stärken könnten, doch ließ er zugleich erkennen, dass sie bestenfalls nur von vorübergehendem Nutzen sein würden.

„Du meinst, dass das Kind sterben wird?"
Cranach wiegte den Kopf. „Ich schätze ihre Lebenschancen als gering ein", meinte er dann, „doch es gibt ja Wunder, wie du weißt, und wir Christen dürfen darauf hoffen."
Für die Eltern war es ein trauriges Weihnachtsfest, doch sie ließen sich ihren Kummer nicht anmerken. Sie bewirteten die Freunde und Gäste, die sich im Hause Luther immer wohlfühlten und gern wiederkamen. Nach anfänglichen finanziellen Schwierigkeiten – denn Luther musste im früheren Kloster der Augustinereremiten mit einem Jahresgehalt von 8,5 Gulden auskommen –, waren die Einkünfte der Wittenberger Universitätsangehörigen neu geregelt worden: Melanchthon und Luther erhielten jetzt zweihundert Gulden pro Jahr. Damit ließ sich wirtschaften, wenn man bescheiden lebte. Doch im „Schwarzen Kloster" lag noch manches im Argen. Kurfürst Johann der Beständige, der die Nachfolge seines Bruders Friedrich des Weisen angetreten hatte, schickte schon mal Wild, Fisch und Wein hinüber und entlastete die Hauswirtschaft in anerkennenswertem Maße.
Doch Elisabeth blieb ein Sorgenkind. Der Gedanke, sich bald wieder von dem Kind trennen zu müssen, trieb Luther immer wieder in die Stadtkirche St. Marien. Oder er lag vor dem Bett auf den Knien und konnte sich nicht beruhigen. Katharina umklammerte ihren Sohn Hans, drückte ihn fest an sich, so als könne sie durch diese Umklammerung auch Elisabeth festhalten.
Der Arzt kam bald täglich. Er hatte Martin Luther leidlich gesund gemacht, und nun erhoffte man auch von ihm das Gleiche für Elisabeth. Er gab sich Mühe, verordnete heiße Umschläge, kalte Beinwickel, legte Bandagen mit Kräutern an, mischte Tinkturen, ließ einmal sogar zur Ader. Es schien kurzfristig, als blühe das Mädchen auf, doch danach ver-

schlechterte sich sein Zustand rapide und wenige Monate später starb sie. Sie lag in des Vaters Armen, als Elisabeth sanft einschlief. So, als hätte man sie zur Nacht in die Wiege gebettet, so ruhte sie, und mit erst schnellen, dann wenigen, langen Atemzügen hauchte sie ihr Leben aus.

Nachdem die Trauer ihm ein wenig Raum ließ, setzte sich Martin Luther an den Schreibtisch. „Mein Töchterchen Elisabeth ist mir gestorben“, schrieb er. „Es ist seltsam, ein wie bekümmertes, fast weibisches Herz sie mir zurückgelassen hat, so hat mich der Jammer um sie überkommen. Nie vorher hätte ich geglaubt, dass ein väterliches Herz wegen der Kinder so weich sein könnte.“

Elisabeth wurde am 3. August 1528 in der Stadtkirche Wittenberg bestattet. Die Eltern ließen auf ihren Grabstein schreiben: „Hic dormit Elisabeth, filiola Martini Lutheri, 1558.“ Hier schläft Elisabeth, Tochter von Martin Luther.

Der Gaukler

Kurz vor dem dritten Advent erschien Benjamin Ebers im „Schwarzen Kloster". Martin Luther bereitete gerade den Gottesdienst für den Sonntag vor, der unter dem Thema „Die nahende Freude" stand, als ihm der Besucher gemeldet wurde. Diener Wolf wollte ihn erst gar nicht vorlassen, denn dem Aussehen nach schien der Mann ihm nicht empfangswürdig zu sein. Doch da er wusste, dass der Herr Doktor bei den Menschen, die zu ihm kamen, keinen Unterschied machte, riet er Benjamin nur: „Schab dir draußen den Kuhmist von den Sohlen und schnäuz dich. Dann komm wieder herein."
Der Mann gehorchte. Luther betrat die Diele. Er nahm die geflickte Kleidung des Mannes wahr und fragte nach seinem Begehr. „Herr, man sagt, ich gehöre zu den unehrlichen Leuten und muss dafür das Jahr über auch noch drei Groschen zahlen. Ich habe jedoch bisher niemanden betrogen oder bestohlen. Wieso bin ich dann unehrlich?"
Luther führte den Mann in seine Studierstube. Dort hieß er ihn Platz nehmen.
„Womit verdienst du dein Geld?"
„Ich bin ein Gaukler – aber ehrlich, Herr."
„Ich will dir glauben. Unehrlich heißt im Sprachgebrauch nicht, dass du nicht die Wahrheit sagst, sondern, dass du keine Ehre hättest. Ich sage ausdrücklich: hättest! Denn jeder Mensch hat seine Ehre und ist vor Gott gleich."

„Das sagt mal dem Marktaufseher, der mich immer wieder wegscheucht, wenn ich den Menschen meine Kunststücke vorführe."

Martin Luther nahm sich Zeit, obgleich ihm die Stunden davonrannten. Es würde ein harter Kampf sein, den Menschen mit den so genannten „unehrlichen" Berufen zu ihrer Würde zu verhelfen. Weihnachten bot sich dazu eine gute Gelegenheit, denn das Kind in der Krippe, das nichts besaß als das nackte Leben, wäre nach herkömmlicher Bewertung auch von geringem Stand.

„Herr, ich zahle gern mehr, wenn ich ein ehrenhafter Mann würde. Ich würde sofort vier Groschen auf den Tisch legen wie das Hausgesinde, die Knechte und Mägde – aber drei wie die Scharfrichter und ihre Sippe … Mit denen möchte ich nicht in einen Topf geworfen werden."

Luther lächelte. „Scharfrichter würden gewiss ebenfalls gern vier Groschen zahlen, wenn sie damit ihren Ruf bessern könnten. Sie müssen nach dem Gesetz der Menschen handeln und verurteilte Verbrecher töten, doch das ist nicht Gottes Wille. Denn Gott ist der Herr des Lebens."

„Wenn du noch Mönch wärst", sagte wenig später Katharina zu ihrem Mann, „würdest du mit Feldhauptleuten verglichen und müsstest zwölf Groschen zahlen. Das behauptet jedenfalls Johannes Bugenhagen."

„Jetzt gehöre ich zu den Geistlichen und zahle ebenfalls zwölf. Wahrscheinlich, weil ich ein Krieger Gottes bin."

Die Tür öffnete sich. Der dreijährige Johannes, Luthers Sohn Hans, lief auf seinen kurzen Beinen auf den Vater zu und umklammerte seine Knie. Hinter ihm erschien Muhme Lene, völlig außer Atem, und stammelte Worte der Entschuldigung, weil ihr der kleine Kerl ständig davonlaufe …

Die Geschenke

Aus den Kellerräumen des „Schwarzen Klosters“ drangen pochende und klopfende Geräusche bis in die Diele herauf. „Den halben Tag geht das nun so“, sagte der Diener Wolf und sah die Magd Eva fragend an. „Was unser Herr dort unten nur treibt?“

„Es steht seiner Reputation nicht gut an, wenn Menschen nach ihm fragen und wir antworten müssen, dass er im Keller hockt und mit irgendwelchen Dingen beschäftigt ist.“

Da Doktor Martin Luther es sich verbeten hatte, ihn bei der Arbeit zu stören, wagte sich die Dienerschaft auch nicht in den Keller hinab. Doch die Neugierde, was er dort unten treibe, statt über der Bibel und Folianten zu sitzen oder Besucher zu empfangen, überwog.

„Ich gehe hinab und frage, ob der Herr irgendeinen Wunsch hat, eine Erfrischung braucht oder ob ich sonst zu Diensten sein kann.“

Diener Wolf machte ein entschlossenes Gesicht und schickte sich an, die Kellertreppe hinabzugehen, doch Eva hielt ihn zurück.

„Nicht fragen, Wolf, sondern tun! Nimm ein Glas Milch und eine Butterstulle und trag sie hinab. Dann wird er dich schwerlich wieder hinaufschicken können, ohne dir die Dinge abzunehmen. Und dabei erhascht du einen Blick auf das, was der Doktor dort macht.“

Wolf lobte insgeheim die Klugheit der jungen Frau, doch er sprach es nicht aus. Es ärgerte ihn, dass er nicht selbst auf die Idee gekommen war.

Wolf ging in die Küche, Eva folgte ihm. „Komm, ich bereite die Sachen vor."

Martin Luther stand mit hochrotem Gesicht über der Drechselbank, als sich die Kellertür öffnete.

„Habe ich nicht gesagt – ich wolle nicht ...?"

Als er Wolf im Türrahmen erblickte und das Tablett in seiner Hand, brach er den Satz, mit dem er einen Schimpf beginnen wollte, ab. Der Duft der heißen Milch erreichte ihn. „Stell das Tablett dorthin, Wolf. Ich danke dir für deine Aufmerksamkeit. Aber dann geh, ich habe zu tun."

Der kurze Blick in den Raum genügte, um Wolf in Erstaunen zu versetzen. Er nahm zwei Stufen auf einmal, um Eva von seiner Beobachtung zu berichten.

„Er drechselt und sägt und ..."

„Ja ,was?"

„Kinderspielzeug, Eva! Kinderspielzeug! Ein Pferdchen konnte ich erkennen, ein Puppenwägelchen, Hasen und Igel aus Holz."

„Was du nicht sagst! Und das Metier beherrscht unser Herr?" Eva staunte.

„Ich sage es doch. Er schreibt nicht nur Bücher, er kennt sich auch in Holzsachen aus."

„Das muss ich Brid erzählen!"

„Halt!" Wolf packte Eva am Arm. „Das ist ein Geheimnis und soll ein Geheimnis bleiben. Ich will keinen Klatsch."

Wieder drangen die Sägegeräusche aus dem Keller bis in die Diele herauf.

„Ob die Frau Lutherin davon weiß?"

„Sie sieht auf dem Familiengut Zühlsdorf nach dem Rechten und ist nicht vor Abend zurück."

„In ihrem Zustand?“, rief Wolf entsetzt. „Sie ist hochschwanger, da sollte man keine Reise antreten.“
Eva zuckte mit den Schultern. „Sie sollte manches nicht. Du kennst doch ihre Energie, die sie mit dem Kopf durch die Wand treibt. Die Kinder sind oben bei Muhme Lene.“

Luther setzte seine Bastelei auch in den folgenden Tagen fort. Weihnachten rückte näher, und es gab für ihn noch einiges im Keller zu tun. In der Zwischenzeit verschloss er den Raum und nahm den Schlüssel an sich. Niemand aus der Hausgemeinschaft durfte ihn betreten. Je näher das Christfest herankam, umso geheimnisvoller tat er. Er verzichtete schließlich sogar auf das gemeinsame Mahl mit der Familie und dem Gesinde, woran ihm sonst sehr gelegen war, und ließ sich die Speisen in seinem Arbeitszimmer servieren.
„Was macht Vater im Keller?“, fragte Johannes seine Mutter. „Er ist so komisch.“
Katharina machte eine vielsagende Handbewegung, die bedeuten konnte: Ich weiß es nicht, oder: Warten wir es ab, was daraus wird. Martin fragte ahnungsvoll: „Oder hilft er dem Christkind?“ Die Mutter wiegte den Kopf. „Ich glaube, wir fragen besser nicht und lassen uns überraschen.“
Wieder verstrichen ein paar Tage. Reiche Leute gingen im Winterpelz am „Schwarzen Kloster“ vorbei, die Armen bibberten vor Kälte und trugen leichte Kleidung und statt Mäntel Decken und Umhänge. Martin Luther sah es, und als wären die Armen ein Antrieb, so verschwand er wieder im Untergemach, diesmal jedoch mit zwei Knechten und dem unverzichtbaren Wolf. Alle drei wurden zu völligem Stillschweigen verpflichtet.
„Herr, die Arbeit könnten doch auch andere für Euch erledigen“, sagte Wolf. „Widmet Euch getrost Euren Studien und Schriften.“

„Was ich predige, muss ich erst vorleben", erwiderte Luther mit Nachdruck, und er meinte damit, wenn er die Nächsten- und Kindesliebe in den Mittelpunkt seiner Weihnachtsbetrachtung stelle, müsse er sie zuvor irgendwie zum Ausdruck gebracht haben. Diese Kindesliebe offenbarte sich in Form von mannigfachem Spielzeug. Nachdem er die eigenen Kinder versorgt und dann die ärmlich gekleideten Jungen und Mädchen auf der Straße gesehen hatte, konnte er nicht umhin, sich weiter mit Säge-, Drechsel- und Bastelarbeiten zu beschäftigen, um für die, die keine Geschenke zu erwarten hatten, eine kleine Überraschung vorzubereiten. In diesen Tagen brauchte er jede helfende Hand, ja, er beschäftigte am Ende sogar seine Theologen, den ungeschickten Johannes Bugenhagen inbegriffen, der mit der Feder und der Sprache hervorgehend umgehen konnte, nicht jedoch mit einem Sägeblatt. Seine Verzweiflung war seinem Gesichtsausdruck anzumerken. Schweiß rann ihm in den Halskragen, und er betete heimlich, dass dieser Kelch bald an ihm vorübergehen möge. In den Kellerräumen, selbst dort, wo die Vorräte für die Küche lagerten, herrschte bald eine kleine buntbemalte Tierwelt in Form vieler Arten, die der Arche Noah Ehre gemacht hätten.

Wenige Tage vor dem Christfest ließ Martin Luther die für die armen Kinder gedachten Basteleien in nächtlicher Stunde in die Sakristei der Stadtkirche hinüberschaffen. Da jetzt keine festlichen liturgischen Gewänder mehr gebraucht wurden, sondern ein schlichter schwarzer Talar mit einem Beffchen ausreichte, blieb auch in den Schränken Platz, um die Geschenke unterzubringen. Jetzt endlich konnte sich der Doktor wieder den seelsorglichen Tagespflichten widmen. Die Abwechslung im Keller hatte ihm gut getan, aber Zeit gefordert.

Adventspost

Der Junge stolperte durch die Hintertür ins „Schwarze Kloster“, die kurzen Arme bis zum Kinn voll Tannengrün. Erlöst warf er das Bündel der Magd vor die Füße.
„Und jetzt?“
„Das ist für den Saal, damit du ihn festlich herrichtest.“
„So. Und du meinst, dass du mir befehlen darfst?“
„Ich bin Vaters Sohn. Und Vater ist berühmt. Er ist Re…, Re…, Reform…, ach, Quatsch, er heißt Doktor Luther.“
„Das weiß ich und ich stehe in seinen Diensten. Doch glaubst du denn, du könntest mir Befehle erteilen?“
„Wenn Vater das sagt und Mutter …“
„Ja, wenn Vater und Mutter mir etwas auftragen, so tue ich das. Sie sind meine Dienstherren. Aber du kleiner Wichtigtuer …“
„Das sage ich Vater!“
„Du brauchst mir nichts zu sagen. Ich habe alles gehört.“ Martin Luther stand unter der Tür und winkte seinen Sohn zu sich heran.
„Verzeiht, Herr“, begann die Magd, doch Doktor Luther unterbrach sie. „Es ist in Ordnung, Brid. Du brauchst dir von dem jungen Gernegroß nichts auftragen zu lassen.“
Die Magd dankte, warf einen scheuen, missbilligenden Blick auf das Kind und lief hinaus.
Luther blickte auf die Tannenzweige, die verstreut am Boden lagen.

„Und jetzt, Hans? Soll ich sie etwa aufheben?"
Hans erwiderte nichts, er sammelte die Zweige schnell ein und legte sie gebündelt auf die Ofenbank.
Johannes, das erste Kind der Eheleute Luther, das den Namen seines Großvaters trug, war der Stolz seiner Eltern und Großeltern, weshalb Vater Martin ihm schon früh eine ausgezeichnete Ausbildung angedeihen ließ. Johannes, den er meist liebevoll Hänschen rief, sollte Theologie studieren, und dazu gehörte eine solide Vorbereitung. Schon mit vier Jahren unternahm er unter Vaters Anleitung seine ersten Schreibversuche.
„So etwas geschieht nie wieder, Hänschen, ist das klar?"
Als Johannes das Wort „Hänschen" vernahm, wusste er, dass es kein größeres Donnerwetter geben würde.
„Setz dich einmal zu mir." Der Vater zog seinen Sohn zu sich auf die Bank neben dem Kamin. „Du weißt, dass mein Vater, dein dich liebender Großvater Hans, gestorben ist. Deine Großmutter lebt jetzt allein und es geht ihr nicht gut. Wollen wir sie nicht zum Weihnachtsfest einladen?"
„O ja!" Hans sprang vor Freude auf und umklammerte ungestüm die Knie seines Vaters „Was bedeutet, dass du, mein Sohn, die Großmutter einlädst."
„Ich?" Mehr brachte Hans nicht heraus. Er ließ sich auf die Bank fallen und sah den Vater fragend an.
„Ja, Hänslein, zu schreiben hast du gelernt und du beherrscht in Grundzügen auch die Grammatik. Also setz dich hin und schreibe."
„Was denn?"
„Das musst du wissen. Was man so schreibt, wenn man jemanden einlädt."
Luther stand auf, ging in seine Studierstube hinüber und holte Pergament, Tinte und Feder.

„Hier hast du alles, was du brauchst. Also, auf gutes Gelingen."
Hans starrte den Vater an. „Und jetzt?"
„Frisch drauflos, mein Junge. Mach deiner Großmutter eine Freude."
Luther ging in seine Studierstube hinüber und schloss hinter sich die Tür.
Was man so schreibt … Was schreibt man denn … Hans blickte auf das leere Pergament und besah sich die Tinte. Das Fässchen war halbvoll, die Feder angespitzt. Dann gab er sich einen Ruck.

„Liebe Großmutter Margarete", schrieb er, „ich bin der Hans, nein, das Hänschen. Ich wohne in Wittenberg. Meine Mutter heißt Katharina, mein Vater Martin. Der ist dein Sohn. Er war auch Großvaters Sohn, aber der ist tot, wie du weißt. Ich schicke dir einen Brief, damit du siehst, dass ich schreiben kann. Vor drei Jahren konnte ich noch nicht schreiben, da konnte ich nur am Schnuller saugen und plärren. Ich habe oft geplärrt, weil ich Bauchweh hatte, ohne zu wissen, was ich hatte. Ich konnte nämlich noch nicht sprechen. Jetzt kann ich sprechen, sogar schreiben. Am besten aber singen. Vater sagt, dass ich eine gute Stimme habe. Magdalene sagt das nicht, weil sie mich ärgern will. Sie sagt, ich singe wie eine Krähe. Aber das stimmt nicht. Du kannst Mutter fragen. Mutter singt nämlich auch schön. Sie hat eine klare Engelsstimme, wie Vater sagt. Vater hat viel zu tun. Er reist oftmals im Lande herum, aber was er da macht, weiß ich nicht. Manchmal kommt er sonntags heiser nach Hause, weil er in der Kirche auf der Kanzel so viel geschrien und getobt hat. Neulich hat er so gewettert, dass ihm der Herrgott vor Schreck auf den Kopf gesprungen ist, was heißt, dass das Kreuz aus dem Schalldeckel auf ihn herabfiel.

Mein Bruder Martin ist blöd, weil er Vaters Liebling ist und sich auch sonst blöd anstellt. Vielleicht kommt eines Tages wieder ein Kind bei uns an, hat Mutter gesagt. Mutter hat viel zu tun. Sie führt die Kasse, die Haushaltskasse, weil Vater nicht rechnen kann, sagt sie. Er macht mit dem Herrgott Geschäfte, sie mit dem Fleischer und Gemüsehändler. Manchmal auch mit dem Fischer oder dem Ofensetzer, sagt sie. Hier im ‚Schwarzen Kloster' ist es im Winter nämlich sehr kalt. Der Kurfürst hat uns das Kloster geschenkt, weil er damit nichts anfangen konnte, sagt Mutter. Den Mäusen und Spinnen hätte er vorher kündigen sollen.
So. Ich glaube, ich schließe jetzt. Die Tinte will mir nicht mehr gehorchen, nein, ich meine den Federhalter, denn die Feder ist stumpf geworden und schmiert, wie du siehst. Ich grüße dich sehr herzlich, liebe Großmutter, auch im Namen meiner Eltern, obgleich sie nichts davon gesagt haben, denn sie sind sehr beschäftigt.
Dein Enkelsohn Hans, genannt Hänschen.
Ach, ich hätte es fast vergessen: Du sollst uns Weihnachten besuchen."

Martin Luther war inzwischen nicht untätig gewesen. Er hatte darüber nachgedacht, wie er die Anregung von Philipp Melanchthon, seinem Freunde und Berater, folgen und der Adventszeit einen neuen Schwerpunkt setzen sollte, der sich von dem seit Jahrhunderten gepflegten, doch inzwischen verweltlichten Bräuchen unterschied. Jeder der vier Sonntage in der Adventszeit müsste eigentlich von einer eigenen Aussage bestimmt und durch ein Zeichen sichtbar gemacht werden, dachte Luther. Vielleicht durch eine Kerze, eine winterfeste Blume oder ein anderes Merkmal, das die vier Adventssonntage voneinander unterschied. Jeder Sonntag besaß sein eigenes Gepräge. Der erste Advent erinnerte an den Einzug Jesu in Jerusalem, der zweite an seine Wiederkunft am Ende der Tage, der dritte ließ die Gestalt des Johannes des Täufers als Vorläufer Jesu aufleben, der vierte Advent war Maria, der Mutter Jesu, geweiht. Hier zögerte Luther, es behagte ihm nicht, dass der Gottesmutter, die er sonst gern verehrte, ein eigener Sonntag gewidmet war. Er hätte an diesem Sonntag gern ebenfalls einen Bezug auf das Leben Christi hergestellt. Er stand auf und blickte vorsichtig durch die Tür. Das Hänschen schrieb, schrieb so schnell, als säße ihm der Teufel im Nacken. Was er da wohl alles zu Papier brachte? Eine Einladung an die Großmutter konnte doch kurz und bündig gefasst sein. Luther hielt sich zurück, er schloss die Tür und widmete sich wieder seinen Überlegungen. Doch die Neugier ließ ihn nicht ruhen. Schließlich brach er seine Arbeit ab und stieß die Tür auf.

„Na, Hänschen, immer noch fleißig? Du machst der Großmutter Margarete den Aufenthalt bei uns wohl recht schmackhaft, oder?“

„Spicken gilt nicht“, rief Hans, als der Vater seinen Kopf über das Pergament beugte. Was ich geschrieben habe, ist für Großmutters Augen und nicht für deine bestimmt.“

„So? Und wenn du nun einen Haufen Fehler fabriziert hast?“

„Die wird die Großmutter nicht merken, weil sie auch nicht fehlerfrei schreibt.“

„Du bist ja ein Neunmalkluger. Aber gut. Ich werde das, was du zu Papier gebracht hast, nicht lesen. Doch bedinge ich mir aus, dass ich ein paar erklärende Worte beifüge.“

Hans faltete das Pergament. Er holte Siegelklack und kleckste ihn auf den Brief, nachdem er ihn über einer Kerze erhitzt hatte.

„Ich bin gespannt, was deine Großmutter dazu sagen wird.“

Hans lächelte. „Ich auch.“

Markttag

Im Flur des „Schwarzen Klosters“ standen sechs Körbe aus Weidengeflecht. Katharina Luther, die Hausherrin, war noch dabei, sich einen Überblick über das vorhandene Haushaltsgeld zu beschaffen. Drei Knechte und zwei Mägde warteten, mit ihr zum Markt aufzubrechen, um die Lebensmittel für die Weihnachtstage einzukaufen. Viele Studenten blieben über das Christfest in Wittenberg, weil ihnen die Heimreise für die kurze Unterbrechung bis zu den nächsten Vorlesungen in der Universität nicht lohnenswert erschien. Manche davon waren Mieter im Hause Martin Luthers, und seine Gastfreundschaft lockte auch weitere Studierende an, die das Weihnachtsfest gern im „Schwarzen Kloster“ mitfeiern wollten. Die Einwohnerzahl der Stadt näherte sich der Fünftausendergrenze, die Studenten nicht mitgerechnet. In jüngster Zeit kamen noch zahlreiche Bewohner Leipzigs und anderer Orte hinzu, die vor der grassierenden Pest geflohen waren.

Katharina Luther rechnete und rechnete, richtete die Groschen zu Häufchen auf, teilte sie, legte weiteres Geld hinzu. Nein, es war beim besten Willen nicht möglich, mit dem Geldbestand alle satt zu bekommen. Sie überlegte, ob sie ihren Mann mit in die Kalkulation einbeziehen sollte, doch wie sie ihn kannte, würde er nicht zögern, eines der Patengeschenke für seine Kinder zu veräußern, um die finanzielle Lücke zu schließen. Nein, es war besser, die Lage allein zu meistern.

Als Katharina in der Diele erschien, nahmen Mägde und Knechte die Körbe auf und sahen die Hausfrau erwartungsvoll an.
„Wir können beim Fleischhauer anschreiben lassen", sagte Eva, die der Lutherin anmerkte, welche Sorge sie umtrieb. Schließlich war es nicht das erste Mal, dass in der Versorgung der Hausgäste Engpässe entstanden.
„So weit wollen wir es nicht kommen lassen. Wir müssen eben, so gut es geht, haushalten."
Zum Markt war es nicht weit. Je mehr sie sich dem großen Platz vor der Stadtkirche näherten, umso kräftiger schwollen die Geräusche und Gerüche an. Pferdegewieher, Karrenlärm, Geschrei und Gepolter empfingen sie. Die Händler riefen lauthals ihre Ware aus, man hörte auch das Flötenspiel der Gaukler und den Trommelrhythmus der Zirkusleute. Dahinein ertönten Lieder einer vorüberziehenden Pilgergruppe. Zwischen den Ständen bewegten sich Bürgerinnen in feinen Gewändern, die sich die Käufe von Bediensteten nachtragen ließen, wohlsituierte Kaufleute, die Waren und Preise prüften, aber auch Bettler und verachtete Menschen wie Henker, Schinder und Totengräber. Selbst Geldverleiher mischten sich unters Volk. Ordnungshüter überwachten ihre Geschäfte. Das Gros aber bestand aus Frauen, die für den täglichen Mittagstisch sorgten, nach preiswerten Angeboten Ausschau hielten und wo möglich auch um Preise feilschten. Katharina Luther wusste, wo sie günstig einkaufen konnte und wo ihr oftmals auch ein Preisnachlass gewährt wurde. Den Händlern war ja nicht fremd, dass sie einen großen Haushalt zu versorgen hatte und manchen Kostgänger umsonst bewirtete.
„Heute hätte ich eine frische Hirschkeule im Angebot!", rief Pietje, ein ehemals holländischer Blumenhändler, der sich

in Wittenberg verheiratet und den Metzgerbetrieb seines Schwiegervaters übernommen hatte.

„Was soll sie denn kosten, Pietje?"

„Heute nichts, Frau Lutherin. „Es ist ein Weihnachtsgeschenk für den Herrn Doktor, weil er so gut zu predigen versteht."

„So? Hast du ihn denn einmal predigen gehört?"

„Nein, Frau Lutherin. Alle Welt sagt es, und meine Frau Siglinde sagt es auch."

„Dann komm doch mal in die Kirche, Pietje, und überzeuge dich selbst. Doch die Keule kann und will ich nicht annehmen. Dem Herrn Doktor bliebe der erste Bissen im Munde stecken, wenn er erführe, dass du sie ihm und nicht einem Bettler geschenkt hast."

„Einem Bettler?"

„Ja, Pietje. Die Armen haben auch Hunger."

„Weiß ich. Aber dann warte ich lieber auf einen Kunden mit dickem Geldbeutel."

Katharina wandte sich ab. Sie ging an auswärtigen Hökern und Hausierern vorbei, die mit Lebensmitteln handelten, die sie anderswo günstig aufgekauft hatten. Doch ihre Ware sah nicht appetitlich aus. Die würde sie ihren Gästen nicht vorsetzen.

Bäcker Ulrich hatte heute nicht viel zu tun. Er stand hinter seiner Auslage, die von Brot und Brötchen überquoll, und machte ein verzweifeltes Gesicht.

„Was ist passiert, Ulrich, warum verkaufst du nichts?"

„O, Frau Doktor, mein Konkurrent, der Bertel Franz, hat mich angeschwärzt. Meine Brötchen seien zu klein und entsprächen nicht dem vom Gesetz vorgeschriebenen Gewicht. Jetzt muss ich das Urteil der Innung abwarten – und noch mit einer Geldstrafe rechnen."

„Lass dir fünfzig von ihnen einpacken", sagte Katharina zu ihrer Magd Eva, und zu Ulrich: „Ich zahle dir den üblichen Betrag. Hier ist das Geld."
Die Dankesworte hallten Katharina noch nach, als sie bereits zwischen den nächsten Ständen verschwunden war.
Die neuen Einwohner aus Leipzig und Umgebung, die kleine Menschentrauben bildeten, wurden argwöhnisch betrachtet. Manche mieden ihre Nähe oder machten einen Bogen um sie.
„Wir sind geheilt, wir stecken niemanden an", erklärten einige Leute. „Wir haben die Tortur des ‚Schwarzen Todes' überstanden."
„Kann man ihnen glauben?", fragte Brid. Wolf zog sie vorsorglich aus der Nähe der Fremden.
„Wir haben mehrere Wochen in Quarantäne zugebracht", erklärte ein Mann, der sich zum Sprecher der geheilten Leipziger machte. „Wir durften die Häuser wochenlang nicht verlassen, man hat uns eingeschlossen und die Lebensmittel zugeschoben. Auch die Wirtshäuser waren geschlossen. Es gab keine gemeinschaftlichen Begräbnisse der Verstorbenen, nicht einmal die Glocken durften geläutet werden. Jeder Infizierte wurde gemeldet. Inzwischen haben wir Pässe, die unsere Heilung bestätigen. Hier, hier ist meine Legitimation." Mancher der Umstehenden warf einen scheuen Blick auf den Pass.
„Gebt ihnen, was sie brauchen", sagte Katharina Luther. „Wir dürfen glücklich sein, dass uns das Schicksal verschont hat und froh, dass uns die Kranken nach der furchtbaren Seuche als geheilte Menschen gegenüberstehen."
Ihr Wort hatte Gewicht. Zunächst zögernd, doch dann ohne Bedenken händigten die Händler ihnen die gewünschte Ware aus.

Die Lutherin wurde überall freundlich begrüßt. „Sie ist die zweite Hälfte ihres Mannes“, scherzte jemand. Man behandelte sie zuvorkommend, gewährte ihr manchen Preisnachlass, obgleich sie immer wieder betonte, dass sie keinen Sonderstatus einnehmen wolle. Doch die Marktbeschicker wussten, dass sie viele hungrige Mäuler zu stopfen hatte. Die Körbe, die die Knechte trugen, füllten sich allmählich mit Salatköpfen, Käserädern, Würsten, Schinken und Mehlsäckchen. Am Ende wagte sie es nicht zu glauben: Es blieb ein bescheidenes Häufchen Münzgeld übrig.

„Gut gewirtschaftet, Herrin“, lobte Wolf. Katharina Luther lächelte.

Alsdann kamen sie an einem Stand vorbei, an dem eine junge Frau dem Händler den verlangten Kaufpreis für die erstandene Ware vorzählte. Sie schien sehr stolz zu sein, dass sie rechnen konnte. Der Kaufmann sah ihr lächelnd zu, rechnete mit, dann aber schüttelte er den Kopf. Der Geldbetrag, über den die junge Frau verfügte, reichte nicht aus.

„Ihr seid wohl nicht von hier?“, fragte Katharina.

Die Frau schüttelte den Kopf. „Litauen“, sagte sie.

„Zugezogen?“

Sie nickte. Dann legte sie unter den aufmerksamen Augen des Händlers die Ware wieder beiseite, die sie nicht bezahlen konnte.

Katharina überlegte nicht lange. Sie entrichtete schweigend den fehlenden Betrag. Als sie das Geld auf den Tisch legte, lachte der Kaufmann. „Nein, nein, ich schenke der Frau die restliche Ware. Ihr müsst sie nicht bezahlen.“

„Wenn dem so ist“, freute sich Katharina, „so sollen meine Münzen nicht vergeblich meiner Geldbörse entsprungen sein“. Und so verminderte sich durch ihre Spende der gesamte Kaufbetrag um die Hälfte.

„Von Euch kann man viel lernen, Herrin“, sagte Eva auf dem Heimweg. „Ich könnte Euch in vielem nacheifern. Nur würde ich im Gegensatz zu Euch das Geld manchmal an die Kette legen. Doch anders betrachtet – und damit habt Ihr wieder recht –, erkauft Ihr Euch einen großen Schatz im Himmel.“

Ammenmärchen

Muhme Lene konnte wunderbar Geschichten erzählen. Manche kannte sie noch aus ihren Kindertagen, andere aus der Klosterzeit, als sie mit Katharina von Bora, der Frau Martin Luthers, in Grimbschen bei den Zisterzienserinnen weilte. Denn dort hatte sie nicht nur Beten, Singen, Lesen und Schreiben sowie Mathematik, sondern auch Handarbeit und die Kunst des Erzählens gelernt. Im Kloster konnte sie davon wenig Gebrauch machen, denn meistens hatten die Nonnen das Schweigegelübde zu halten. Sie durften nur reden, wenn sie gefragt wurden, und in der Rekreation, also der gemeinsamen Erholungszeit. Was nun das Reden anging, so holte Muhme Lene in ihrem späteren Leben nach, was sie früher hatte „verschweigen" müssen.

„Sie redet wie ein Wasserfall", sagte Martin Luther manchmal zu seiner Frau, und verließ die Stube, denn fortwährend mit Geschichten und Märchen überschüttet zu werden, behagte ihm nicht.

Den Kindern aber gefiel, was Muhme Lene ihnen erzählte. Nicht nur Luthers Kinder, auch die von Stadtpfarrer Johannes Bugenhagen und die Waisenkinder, die im „Schwarzen Kloster" Unterschlupf gefunden hatten, versammelten sich am Herdfeuer und hörten zu. Manchmal brachten die Jungen Johannes und Martin Luther auch Freunde aus der Stadt mit heim, die neugierig auf die Erzählungen der Muhme Lene waren. Dann saß die Schar der Jungen und

Mädchen im Halbkreis um die Feuerstelle und hörte zu. Die Kerzen wurden nicht angezündet. Der Schein des Feuers zuckte über die Wände und warf ein gespenstisches Licht auf die Gesichter der gespannt lauschenden kleinen Gesellschaft.
Muhme Lene kannte viele Märchen, aber auch Geschichten von Unholden, und Geistersehern, von Wiedergängern und Untoten. Manchem der jungen Zuhörer lief eine Gänsehaut über den Rücken. Katharina Luther schüttelte zuweilen den Kopf, wenn sie die Muhme, ihre Tante, schwadronieren hörte. Dabei verzog Lene das Gesicht, rollte mit den Augen, zog manche Worte wie ein Hosenband in die Länge, um dann abrupt zu enden. „Jetzt ist es aber genug, Muhme", sagte Katharina manchmal, wenn Lehne übertrieb und den Kindern zu viel Angst einjagte. Die Jungen und Mädchen liebten jedoch diesen Nervenkitzel, auch wenn sie auf dem Heimweg nach Hause rannten, um keinem der Unholde, die die Muhme heraufbeschworen hatte, in die Hände zu fallen.
Besonders in der Adventszeit versammelten sich die Kinder gern im Lutherhaus. Wenn die Dämmerung früh einfiel, der Wintersturm um die Häuser fegte und die Schneeflocken vor sich hertrieb, kamen sie ins „Schwarze Kloster".
„Habt ihr schon mal etwas vom Brutpfennig gehört?"
Niemand kannte die Geschichte.
„Also, man nennt den Brutpfennig auch Heckegroschen. Das ist ein falscher Groschen. Menschen, die ihr Geld vermehren wollen, gehen am Weihnachtsabend bei Einbruch der Dunkelheit vor die Stadt. Sie legen das Geld auf die Erde und bilden mit dreißig Pfennigen oder Groschen einen Kreis. Darauf fangen sie an, die Geldstücke vorwärts und rückwärts zu zählen. Das darf nur geschehen, wenn es läutet. Es kommt darauf an, dass man sich die Reihenfolge des Geldes merkt.

Wenn nun jemand mitten im Zählen ist, erscheint der Teufel, um ihn durcheinanderzubringen."
„Der Teufel?" Die Kinder hielten den Atem an.
„Der Teufel oder einer seiner Unholde, ja. Er zieht allerlei Fratzen, macht schreckliche Gesichter, um Verwirrung zu stiften. Wer sich jedoch nicht ablenken lässt und richtig zählt, der wird mit einem einunddreißigsten Geldstück belohnt. Diese Münze hat die Eigenschaft, dass sie sich in jeder Nacht um einen weiteren Groschen vermehrt."
Einen Augenblick war es still. Jede Nacht eine weitere Münze? Auf diese Weise könnte man ja reich werden! Aber der Teufel? Die Kinder redeten aufgeregt durcheinander. Johannes und Martin warfen sich einen bedeutsamen Blick zu.
„Ja, ja, eine Bäuerin aus Pantschdorf bei Wittenberg besaß einen solchen Brutpfennig."
„Ist das wahr? Wie hat sie den denn bekommen?"
„Muhme Lene stand auf. „Das erzähle ich euch das nächste Mal. Die Uhr hat schon Acht geschlagen. Es wird Zeit, dass ihr nach Hause kommt."

Johannes und Martin konnten lange nicht einschlafen. Draußen heulte der Wind, die Fensterläden klapperten.
„Wenn wir einen solchen Brutpfennig hätten, könnten wir unseren Eltern ein schönes Weihnachtsgeschenk machen", sagte Martin.
„Ja, alle Sorgen hätten ein Ende. Mutter dreht jeden Groschen zweimal um, bevor sie ihn ausgibt."
Johannes nickte, doch Martin sah es nicht.
„Geht aber nicht", stellte der ältere Bruder nach einer Schweigeminute fest.
„Wieso nicht?"

„Wir können am Weihnachtsabend nicht einfach verschwinden. Man wird uns vermissen."
„Wir müssen ja nicht bis zur Bescherung oder zum Mitternachtsgottesdienst warten. Es heißt doch allgemein ‚am Weihnachtsabend'. Abend ist schon um fünf. Da ist es dunkel."
Das leuchtete ein. Bis Weihnachten waren es noch ein paar Tage. Die Brüder beratschlagten, ob sie noch Freunde in ihren Plan einweihen sollten. Denn so ganz allein ..., und vielleicht mit dem Teufel ... Doch wer würde dann den Brutpfennig erhalten? Sie überlegten, redeten, planten, dann übermannte sie der Schlaf.
Es ließ sich nicht vermeiden, dass sie Magdalena einweihen mussten. Denn wenn sie vermisst würden, musste jemand eine Erklärung für ihre Abwesenheit geben können. Schwieriger war es, dreißig Pfennige zu beschaffen. Magdalena konnte mit sechs aushelfen. Die Jungen selbst bekamen fünfzehn zusammen. Also fehlten noch neun. „Wenn wir unseren Freund Johannes Bugenhagen anpumpen, will er wissen, wofür wir das Geld haben wollen. Nein, das hat keinen Sinn."
Schließlich blieb nur Muhme Lene übrig. Sie kam gar nicht auf den Gedanken, dass die Brüder ihre Geschichte für bare Münze hielten und einen Brutpfennig gewinnen wollten. Der Hinweis auf ein Weihnachtsgeschenk für ihre Eltern genügte, um den Buben mit dem fehlenden Geld auszuhelfen.
Sie hatten ihren Ausflug an die Elbe zeitlich so gewählt, dass das Abendläuten um sechs Uhr in ihre Unternehmung inbegriffen war. Klopfenden Herzens legten sie das Geld zu einem Ring auf die Erde. Jetzt musste der Gehörnte, der Teufel, der Beelzebub eingreifen. Doch nichts geschah.
„Es hat noch nicht geläutet!", rief Martin. In diesem Augen-

blick hallten die ersten Schläge der Marienglocke von der Stadtkirche herüber. Die Jungen sahen sich um, es passierte nichts.
Plötzlich näherte sich ein Schatten von den Elbwiesen her.
„Der Teufel!“, flüstere Johannes.
Nein, es war ihre Mutter, Katharina Luther. „Magdalena hat mir alles gebeichtet“, rief sie. „Sie bekam es plötzlich mit der Angst und hat mich in eure Pläne eingeweiht. Gott Dank, dass ich euch unversehrt antreffe. Habt ihr denn wirklich an den Schabernack geglaubt, den die Muhme euch erzählt hat? Ich werde mit ihr ein ernstes Wörtchen reden. Jetzt kommt, auf, nach Hause. Wenn wir Glück haben, hat Vater eure Abwesenheit noch nicht bemerkt. Nein, dass ihr auf solchen Unsinn hereinfallen konntet ...“
Die Jungen standen zunächst wie versteinert da, dann rafften sie das Geld zusammen. „Schöne Blamage“, flüsterte Johannes.
„Immerhin haben wir den Eltern eine Freude machen wollen“, entschuldigte Martin ihre Handlungsweise.
Ihre Mutter sagte nichts. Sie war froh, dass das Abenteuer so glimpflich ausgegangen und ohne Folgen geblieben war.

Die Krippe

„Es wird schwer sein, Freund Martin, den Menschen deinen Plan näherzubringen. Eine Krippe aufzustellen und sie mit nachgebildeten Personen zu bestücken – das ist kein leichtes Unterfangen."

Stadtpfarrer Bugenhagen ging im Studierzimmer auf und ab. Draußen vor dem Fenster saß eine Dohle im Kirschbaum und schüttelte ihr Gefieder. In kleinen Wellen stäubte der Schnee von den Zweigen.

„Eine Krippe mit der Geburt Jesu, umgeben von seiner Mutter Maria und dem Nährvater Josef und vielleicht noch von ein paar Hirten mit ihren Schafen veranschaulicht doch den Vorgang in Bethlehem auf nachdrückliche Weise. Die Menschen wollen, wenn möglich, zum Greifen nahe haben, was sie glauben. Hier wäre es möglich."

Martin Luther machte eine Pause, seine Augen hingen gespannt an den Lippen des Stadtpfarrers von Wittenberg.

Johannes Bugenhagen schüttelte den Kopf.

„Das ist ein verwegener Plan", sagte er. „Wir sollten uns mit Philipp Melanchthon, Justus Jonas und Caspar Cruciger beraten.

„O mein Gott!", rief Luther und trat ans Fenster. Der Marktplatz von Wittenberg lag um diese Stunde verlassen da, es schneite noch immer, die Menschen hatten sich in die Wärme ihrer Häuser zurückgezogen.

„Wenn wir erst unsere Mitstreiter fragen wollen, läuft uns die Zeit davon. Fünf Männer – fünf Meinungen."

„Können wir die Entscheidung nicht vertagen, auf nächstes Jahr etwa, dann hat sich die Lage in Wittenberg vielleicht etwas beruhigt und es gibt weniger konfessionellen Streit." Der Krippenplan Martin Luthers bereitete dem Pfarrer Magenschmerzen.

„Ach, könnte ich dir doch die Krippe zeigen, die ich in Rom in der Sixtinischen Kapelle gesehen habe, die Entscheidung würde dir leichter werden", seufzte Luther. „Im Übrigen sagt man ja auch, Franz von Assisi, den ich sehr verehre, habe das Weihnachtsgeschehen dargestellt. Verstehe doch, Johannes, wenn wir das Weihnachtsevangelium des Lukas anhand von Figuren zeigen, werden die Leute, die nicht lesen können, einen ganz anderen Blick für die Geburt unseres göttlichen Kindes bekommen."

Das Argument war nicht von der Hand zu weisen. Schließlich ließ sich Bugenhagen überzeugen. „Tu, was du für richtig hältst. Nur lass mich außen vor. Ich möchte nicht in die Sache hineingezogen werden. Du wirst wissen, wo du Zimmerleute und Holzschnitzer findest, die dir beistehen."

Luther sagte nicht, dass er Handwerkern längst den Auftrag für die Herstellung einer Weihnachtskrippe gegeben hatte. Doch um nichts falsch zu machen, suchte er seinen Freund, den Apotheker und Maler Lucas Cranach auf, dessen Weitblick er schätzte. Cranach hatte während seines Studiums in Wien italienische Einflüsse kennengelernt und auch Krippen gesehen. In Sachsen kam der Brauch erst langsam in Mode. Cranach freute sich und versprach, Luther mit Rat und Tat zu helfen.

In den nächsten Tagen war die Stadtkirche erfüllt von Hämmern und Sägen. Luthers Kinder Magdalena und Martin schleppten Stroh und Moos heran, um die Krippe und ihre ländliche Umgebung auszupolstern. Und bereits am dritten

Tag fanden auch die Figuren ihren Platz und wurden unter Anleitung Martin Luthers so postiert, wie sie in Bethlehem gestanden haben mochten. Das Jesuskind war allerliebst, es lächelte und breitete die Arme aus, allein, dass es nur eine Windel trug und die Armseligkeit des Stalls am eigenen Körper ertragen musste, das bereitete Luther einigen Kummer. Er war gespannt, wie die Leute darauf reagieren würden.
Luthers Vorhaben sprach sich in Windeseile in der Stadt herum. Einige Wittenberger kamen, um die Krippe schon vor dem Christfest in Augenschein zu nehmen, doch trafen sie nur auf Schutzvorhänge, hinter denen die Nachbildung der Geburtsstunde Jesu verborgen war. Vor dem Christtag sollte ihrer niemand ansichtig werden. Dennoch verbreitete sich die Kunde, die Darstellungen von Maria und Josef seien allerliebst und erst das Jesuskind rühre alle Menschen zu Tränen.

Zwei Tage später war das Jesuskind aus der Krippe verschwunden. Obgleich der Kirchendiener die meiste Zeit im Gotteshaus gewesen war, hatte sich der Diebstahl – denn nur darum konnte es sich handeln –, ereignet. Am Vorabend sei es noch dagewesen, bestätigte der Mann, denn er habe eigenhändig noch einmal Heu und Stroh gelockert, um es dem Jesuskind bequemer zu machen. Maria und Josef sowie die Hirten hätten freundlich und erwartungsvoll dreingeblickt. Für einen bevorstehenden Diebstahl habe es keine Anzeichen gegeben.
Pfarrer Bugenhagen ließ sich mehrmals berichten, was vorgefallen war. „Nun erzählt noch einmal in Ruhe, was sich ereignet hat“, forderte er den Kirchendiener auf.
„Da ist nicht viel zu erzählen“, erklärte der Kirchendiener. „Nachdem ich heute Morgen gegen neun Uhr die Kirche St. Marien aufgeschlossen hatte, habe ich mich einigen Arbei-

ten in der Sakristei gewidmet. Erst später, kurz vor Mittag, als ich die Schutzvorhänge entfernte, habe ich bemerkt, was geschehen war."

Bugenhagen konnte nicht umhin, nach Martin Luther zu schicken. Der Reformator ließ vor Überraschung Messer und Gabel fallen, denn er saß mit seiner Familie und dem Hausgesinde gerade über einem gebratenen Wildkaninchen, und eilte zum Freund ins Pfarrhaus. Gemeinsam zerbrachen sie sich den Kopf darüber, wem eine solche Schandtat zuzutrauen war, denn es gab strenge Gottgläubige, die keine Bilder und Figuren in den Kirchen duldeten.

„Wer tut so etwas, Martin? Wir haben doch keine künstlerisch wertvolle Krippe, sodass die Figuren Sammelwert besäßen."

„Was du nicht sagst. Sie sind liebevoll geschnitzt und bekleidet worden."

„Ja, ja, das mag ja alles stimmen. Doch jetzt hilft uns das nicht weiter", rief Johannes Bugenhagen. „Jetzt geht es darum, dass wir einen Ersatz finden."

„Ersatz? Weit und breit gibt es keinen Ersatz. Du hast die erste Krippe hier in deiner Kirche, und sie ist ohne Jesuskind. Das ist ein Skandal."

„Hätte ich mich nur nicht auf deine Pläne eingelassen", seufzte Johannes Bugenhagen, aber so leise, dass er den aufgebrachten Doktor Luther nicht noch mehr erzürnte.

Plötzlich hellte sich das Gesicht des Stadtpfarrers auf. „Wie wäre es, Martin, wenn wir eine Puppe deiner Tochter Magdalena entsprechend kleiden und als Ersatzjesuskind in die Krippe legen würden? Ist ja nur vorübergehend, bis die echte Figur wieder auftaucht."

Doch von diesem Vorschlag wollte Luther nichts wissen. Das sei ein Stilbruch, meinte er. Ersatz bleibe Ersatz und zudem sei die Puppe seiner Tochter schon so ramponiert, dass sie schwerlich ein Christkind abgeben könne. Doch dann schlug er vor, in die Kirche hinüberzugehen und sich persönlich ein Bild von der Freveltat zu machen.

Als die zwei das Gotteshaus betreten hatten und vor der Krippe standen, staunten sie nicht schlecht. Da lag ja das Jesuskind an seinem Platz, umgeben von Maria und Josef! Und in geziemendem Abstand standen die Hirten mit ihren Schafen.

Luther mit Bugenhagen im Gespräch

„Wie muss ich nun das verstehen?", rief Pfarrer Bugenhagen und schüttelte den Kopf. Dann rief er den Kirchendiener zu sich: „Fehlte das Jesuskind heute Morgen denn tatsächlich in der Krippe?"
„Ich habe doch Augen im Kopf, Herr Pfarrer. Natürlich fehlte es! Meine Hand darauf!"
„Aber Zeugen habt Ihr nicht, oder?", fragte Martin Luther.
„Nein", knurrte der Mann, „aber ich gebe Euch mein Ehrenwort: Die Krippe war leer!"
Halt! Da war doch ein Zettel! Er lag am Krippenrand, wo ein kleiner Holzzaun als Begrenzung des heiligen Bezirks diente. Der Zettel war mit einem Kieselstein beschwert. Auf ihm stand in ungelenker Handschrift: „Entschuldigung, dass ich das Jesuskind für einige Zeit mitgenommen habe. Meine Großmutter hat sich gefreut wie ein kleines Kind. Einmal wollte sie das Jesuskind aus der neuen Kirchenkrippe sehen. Großmutter liegt seit zehn Jahren krank im Bett. Sie kann nicht mehr zur Kirche kommen und wird bald sterben. Ich habe ihr ihren letzten Wunsch erfüllt und ihr das Christkind gebracht. Es tut mir leid, wenn ich dadurch Ärger bereitet habe. Verzeihung, D."

Versöhnung

Kalt war es, über Nacht war Schnee gefallen, der jetzt am Boden gefror und die Stadt Wittenberg in ein weißes Tuch hüllte. Die Türme der Stadtkirche und der wuchtige Turm der Schlosskirche, die seit 1507 auch als Universitätskirche diente und auf Friedrich den Weisen zurückging, erhoben ihre verschneiten Häupter in den grauen Himmel. Martin Luther hatte gerade den Stadtpfarrer Johannes Bugenhagen besucht; es war ein langes und intensives Gespräch, das die beiden führten, noch schwoll dem Reformator der Kopf und er wollte noch nicht ins „Schwarze Kloster" zurückgehen, in dieses von Lärm und Gelächter erfüllte Haus, in dem seine Frau Käthe das Regiment führte und neben der eigenen Kinderschar noch zahlreichen Gästen Wirt war …

Am Vormittag hatten sie aus dem Teich vor der Stadt ein paar Karpfen gefangen, auch einige Barsche waren ihnen ins Netz gegangen. Es war höchste Zeit, denn der Teich begann bereits, sich mit einer dünnen Eisschicht gegen den strengen Winter zu schützen.

Jetzt lenkte Luther die Schritte dem großen Fluss zu, über den der Nebel in Bahnen dahinstrich. Die Wiesen lagen bleich und fremd vor ihm. Das Gras, vom Schnee geknickt, ließ nur anhand einiger widerstandsfähiger Halme die Umrisse des Weges erkennen, der zum Ufer hinabführte. Krähen schrien, ihr Ton zerschnitt scharf die Luft. Das Wasser der Elbe glitt langsam in ihrem Bett flussab, ohne Eile, bedächtig

und träge. Hochwasser hatte es in diesem Winter noch nicht gegeben, und wenn die kalten Temperaturen anhielten, würde die Schneeschmelze so bald auch nicht beginnen.
Martin Luther starrte über den Strom. Das jenseitige Ufer war nicht zu erkennen. War das nicht auch die Situation der Menschen, die seiner Familie, seine eigene in der Ungewissheit, was die Zeit bringen werde? Dieses ruhig dahinfließende Wasser war ja gleichbedeutend mit dem Lebensstrom, der auf verschlungenen Wegen sein Ziel fand.
Kurz darauf unterbrach Geschrei die Stille. Es klang nach Ärger und Wut. Als sich der Nebel sekundenlang lichtete, sah Luther zwei etwa gleichaltrige Jungen den Uferweg herabstürmen. Sie rissen sich an den Ärmeln ihrer Jacken und einer versuchte obendrein, dem anderen die Mütze vom Kopf zu schlagen.
„Bleib stehen, Bernhard, gib mir den Taler zurück! Ich muss ihn beim Meister Küfer abliefern."
Bernhard lachte. Er dachte gar nicht daran, dem Freund das Geldstück auszuhändigen. Er warf es sogar kurz in die Luft und fing es geschickt wieder auf.
„Was tust du? Wenn der Taler nun verlorengeht?" Die Stimme des anderen verriet Angst.
„So viel Geld habe ich noch nie in der Hand gehabt, Karl. Das möchte ich noch eine Weile genießen."
„Bernhard, ich bitte dich, gib ihn mir zurück. Ich muss zu Hause sein, wenn die Uhr der Stadtkirche fünf schlägt."
„Dann kommst du eben etwas später", lachte Bernhard. Er tänzelte mit dem Geldstück vor Karls Nase herum.
„Das geht nicht. Mein Vater legt mich über's Knie."
„Umso besser. Eine Tracht Prügel hast du schon lange verdient."
„Du bist doch mein Freund!" Karls Stimme wurde immer bittender und flehendlicher.

„Freund? Hast du mich nicht neulich ausgelacht, als ich mit dem Wagen voller Weinfässer unterwegs war und kaum vorwärts kam?“
Bernhard schien den Augenblick weidlich auszukosten.
„Ich habe nicht gelacht!“, verteidigte sich Karl. „Das waren die anderen, der Ferdinand und der …“
„Sei still. Ich kenne doch deine hämische Lache. Du warst dabei!“
„Rück den Taler heraus, Bernhard. Mein Vater verprügelt mich, wenn ich das Geld nicht rechtzeitig abgeliefert habe.“
Bernhard stand vor dem Freund und ließ das Geld in den hohlen Händen auf- und abspringen. „Ich helfe ihm dabei, dich zu verdreschen, kapiert?“
Karl begann zu weinen.
Luther sah den Augenblick gekommen, dem Spuk ein Ende zu machen.
„Was soll das? Warum tut ihr euch das an?“
Die Jungen fuhren herum. In ihrem Streit hatten sie den Mann, der plötzlich vor ihnen stand, nicht wahrgenommen.
„Er gibt mir das Geld nicht zurück.“
„Ich weiß. Ihr habt ja laut genug geschrien. Und warum gibst du ihm den Taler nicht?“, wandte sich Martin Luther an Bernhard.
„Och, nur so.“
„Und das nennt ihr Freundschaft?
„Er hat mich neulich ausgelacht und mich vor den anderen blamiert.“
„Das war ich nicht!“, rief Karl.
„Das spielt jetzt auch keine Rolle. Los, rück das Geld heraus. Oder willst du wirklich, dass dein Freund Prügel bezieht?“
„Nein.“
„Gut.“

Bernhard steckte Karl das Geld zu. Er grinste. „Meinst du wirklich, ich hätte es behalten?"
„Es sah ganz danach aus."
„Ich nehme einem Freund doch kein Geld weg. Ich wollte dich nur ein bisschen zappeln lassen."
„Gebt euch die Hand!", forderte Luther die Jungen auf. Zurückhaltend folgten sie der Aufforderung. Doch als ihre Hände ineinander lagen, legte Martin Luther seine Rechte darauf. „Jetzt haltet Frieden", sagte er ernst, „und denkt daran, dass in einer Woche der Friedensfürst geboren wird, unser Herr Jesus Christus. Er möchte keine Raufbolde in seiner Nähe haben."
Karl und Bernhard stürmten davon. Er wird rechtzeitig beim Meister Küfer sein, dachte Luther und sah, wie der Nebel die Jungen verschlang.
Wie soll Frieden werden, wenn der Streit bereits im Kleinen ausbricht, zwischen Kindern? Wie entartet er erst zwischen den Mächtigen, den Fürsten und Herrschern? Und in diese verworrene Welt soll Gottes Sohn geboren werden? Immer wieder – und immer vergebens, weil sich so wenig ändert in den Herzen?

Vor dem Fest

Einige Tage vor Weihnachten, im ganzen Haus herrschte rege Geschäftigkeit, fiel es Martin Luther ein, dass er zum Christfest ja einen anständigen Haarschnitt brauche.
„So wie du aussiehst, kannst du nicht auf die Kanzel gehen", hatte Katharina gesagt und war ihm mit der Hand freundschaftlich durch den Haarkranz gefahren. „Ich könnte dir die Wolle zurrechtschneiden, wenn du nicht eitel wärst."
„Ich bin nicht eitel, aber ich will auch nicht wie eine Vogelscheuche aussehen. Ich gehe zum Bader Michaelis, der sein Handwerk versteht."
Der Bader wohnte gleich um die Ecke, er hatte in diesen Tagen vor dem Fest viel zu tun. Der Zufall wollte es, dass sich die Herren auf der Straße begegneten. Nach den üblichen Begrüßungsfloskeln und dem Erkunden nach der Gesundheit, sagte Luther: „Ich muss vor Weihnachten noch in Euer Stübchen kommen. Seht, ich sehe aus wie ein Schaf, das die Schur verschlafen hat."
„Ich kann Euer Haar im ‚Schwarzen Kloster' zur Ader lassen, dann erspart Ihr Euch den Weg. Habt sicherlich viel in diesen Tagen zu tun, Herr Doktor Luther?"
„Wie Ihr, Meister Michaelis. Nein, ich komme lieber zu Euch. Sonst macht meine Frau Käthe Euch zu viele Vorschriften, wie Ihr mir auf dem Kopf herumsäbeln sollt. Ich bin kein Mönch mehr und möchte auch nicht mit einer Tonsur herumlaufen, versteht Ihr? Also auf morgen. Ich

werde nach dem ersten Hahnenschrei vor Eurer Tür erscheinen."

Luther mied sein Haus, das von Lärm erfüllt war. In der Küche wurde gesotten und gebraten, gekocht und gebacken, gehackt und gestampft. Die Tafel würde wieder viele hungrige Gäste bewirten. Neben der eigenen Hausgemeinschaft einschließlich der Studenten mit ihren Magistern und der Verwandtschaft würden auch einige Bettler einen Platz an seinem Tisch finden. Luther hatte die Mägde angewiesen, gerade diesen Herren das kostbare Geschirr und das Besteck aus echtem Silber vorzulegen, das der Kurfürst dem Ehepaar Luther zur Vermählung geschenkt hatte.

„Seid Ihr sicher, Herr, dass auch Eure Frau Gemahlin das will?", fragte eine Magd ungläubig.

„Richte es nur, wie ich dir gesagt habe, Brid", entgegnete Luther.

„Aber die Dammastdecke, Herr, die bleibt im Schrank, nicht wahr?"

„Die Dammastdecke kommt auf den Tisch!", befahl der Hausherr. „Stell dir vor, der Herr Jesus richtet das Mahl für uns aus. Würde er nicht auch sein Bestes geben, statt uns mit billigen Ersatzstücken abzufertigen?"

Brid erwiderte nichts, sie zuckte die Schultern, machte einen flüchtigen Knicks und rauschte davon.

Luther ging in sein Studierzimmer, doch der Lärm drang bis hierher. Kinderlärm machte ihm nichts aus, im Gegenteil, er liebte das ungestüme und unbekümmerte Herumtollen seiner Kinder und das seiner Nichten und Neffen, doch das Klopfen mit Hämmern, das Sägen und Rumoren mochte er nicht. Das Haus wurde festlich hergerichtet mit Tannengrün, Kerzen und weißbeerigen Mistelzweigen. Luther liebte die Mistel nicht, sie spielte eine gewisse Rolle in den nordischen

Göttersagen, und den gallischen und keltischen Priestern, den Druiden, war sie heilig. Andernorts, so hatte er erfahren, küssen sich junge Leute zu Weihnachten unter dem am Türrahmen befestigten Mistelzweig zum Zeichen ihrer ewigen Treue. Dieses heidnische Zeug widersprach dem christlichen Glauben mit seiner klaren Botschaft und sollte ihm nicht unter die Augen kommen.
Luther nahm das Pergamentstück auf, auf das er seine Weihnachtspredigt skizziert hatte und ging in den winterlichen Garten. Es lag Schnee. Die letzten Astern sahen mit ihren verwelkten Köpfen wie Gehängte aus. Hier war Ruhe. Nicht einmal Krähen und Dolen bevölkerten den bleiernen Himmel. Luther ging im Garten auf und ab, warf gelegentlich einen Blick auf das Pergament und sprach die Weihnachtspredigt leise vor sich hin. An einigen Stellen stockte er. Die Wortwahl erschien ihm zu hart, auch zu urteilend. Weihnachten war das Fest der Versöhnung, da mochte er keine kritischen Seitenhiebe gegen seine Widersacher austeilen. Luther hörte auf das Geräusch des knirschenden Schnees unter seinen Füßen. Nein, er würde nicht einmal seinem ärgsten Feind den Frieden des Festes missgönnen.
Martin Luther war so in seine Gedanken vertieft, dass er Magdalenas Ruf nicht vernahm. Erst als sie neben ihm stand und ihn am Rock zog, zuckte er zusammen.
„Was ist, Kind?“
„Mutter sagt, du solltest ins Haus kommen, weil du dich sonst erkältest.“
„Ich trage doch ein dickes Wams, wie du siehst, was soll mir da geschehen?“
„Es wird doch langsam dämmrig, Vater. Die Handwerker sind verschwunden und werden erst morgen wiederkommen, und in der Küche herrscht ebenfalls Ruhe.“

„So will ich es wagen. Lärm, mein Kind, vertrage ich nicht."
„Ich auch nicht."
„So?"
„Nein, Lärm vertreibt die guten Gedanken."
„Das ist eine weise Erkenntnis." Martin Luther sah seine Tochter an. Magdalenas Gesicht war bleich, die Augen waren groß und leicht hervorgequollen. Er beugte sich zu Magdalena herab. „Du machst mir Sorgen, mein Kind."
„Ich fühle mich wohl, Vater." Magdalena schlang ihren Arm um den des Vaters.
„Was wünscht du dir, mein Kind, dass dir der Herre Christ bringen soll?"
Magdalena musste nicht lange überlegen. „Ich wünsche mir, dass meine Geschwister und meine Eltern froh und glücklich sind. Das ist für mich das größte Geschenk."
Luther wandte sich ab. Die Antwort erschütterte ihn und Tränen stiegen in seine Augen. Seine Tochter hatte verstanden, was seine Weihnachtspredigt sagen wollte, ohne ein Wort davon gehört zu haben. Arm in Arm betraten sie das Haus.
Unter der Tür empfing Katharina sie mit hochrotem Kopf. Ihr folgte der kleine Martin auf noch unsicheren Füßen. Sie pustete eine Locke aus dem Gesicht, die sich widerspenstig vor ihr rechtes Auge geschoben hatte. „Da seid ihr ja endlich", rief sie. „Bitte, Martin, nimm deinen Sohn eine Weile zu dir, damit ich mit dem Fischer, der einen Schock Forellen gebracht hat, abrechnen kann."
Martin streckte die Arme nach dem Vater aus. Er war Luthers Lieblingssohn, wozu nicht nur die Namensgleichheit beigetragen hatte. Magdalena stand abseits und lächelte. Sie wusste, dass Vater sie liebte, aber so oft wie Martin hatte er sie nie auf den Arm genommen. Luther betrat mit den Kindern seine Studierstube, die jetzt in völliger Ruhe lag. Er

setzte sich in einen Sessel und ließ Martin auf den Knien tanzen. Der Junge jauchzte. Plötzlich sprang der Vater auf. Er stellte Martin auf die Füße und besah sein Gewand. In diesem Augenblick kam Katharina herein. Sie schlug die Hände vors Gesicht. „Er hat dich eingenässt, lieber Mann."
Luther blieb einen Augenblick wortlos stehen und besah das Missgeschick. Dann sagte er: „O, wie muss doch unser Herrgott so manches Murren und so manchen Gestank aushalten, mehr als Eltern mit ihrem Kind."
Das Abendessen verlief im üblichen Rahmen. Kurz vor Weihnachten war allen Tischgenossen die Spannung anzumerken, die die Festtage vorausschickten. Die Unterhaltung blieb gedämpft, Luther enthielt sich der sonst üblichen Reden, die eine Diskussion entfachen sollten. Gleich nach Tisch wurde der Besuch von Dr. Caspar Cruciger gemeldet, einem Freund Luthers, der ihm bei der Übersetzung der Bibel half und nach Ausbruch der Pest in Leipzig ganz nach Wittenberg übergesiedelt war. Er berichtete von einem Kind, das in einem Dorf bei Zwickau im Vogtland behindert zur Welt gekommen war und nicht sprechen und nur leidlich gehen konnte. Dieses Kind hatte sich unweit seines Dorfes wintertags im Unterholz verirrt. Weil ununterbrochen Schnee fiel und es den Heimweg nicht antreten konnte, harrte es drei Tage in der Abgeschiedenheit aus. Es war, so berichtete es später, alle Tage ein Mann zu ihm gekommen, der ihm Essen gebracht habe und darauf wieder verschwunden sei. Am dritten Tag, als Tauwetter herrschte, zeigte er dem Kind den Heimweg. Was das Kind daheim erzählte, versetzte alle Welt in Erstaunen.
„Das war ein guter Mann", sagte Magdalena.
Martin Luther aber meinte: „Wer kann dieser Mann denn anders gewesen sein als sein Schutzengel?"

„Solch einen Schutzengel bräuchte ich manchmal in der Küche“, lachte Katharina. „Eine Spülhilfe aus dem Himmel wäre nicht schlecht.“

„Dazu, meine liebe Katharina, bist du zu wenig Kind. Nur die reine Glaubenskraft der Kinder verhilft zu solchen Wundern.“ Als seine Frau Einwände erheben wollte, erklärte der Doktor: „Schau doch: Das Leben der Kinder ist am allerseligsten und besten, denn sie haben keine zeitlichen Sorgen, sie sehen die gräulichen und ungeheuren Schwärmer und Rottengeister in der Kirchen nicht, sie schrecken sich weder vor Tod noch Hölle. Sie haben nur reinliche Gedanken – also erleben sie auch ihren Schutzengel.“

Luther mit Bart

Krippenspiel

Mein Vater, Martin Luther, saß schon den ganzen Tag in seiner Studierstube und ließ sich nicht blicken. Selbst zu den Mahlzeiten kam er nicht heraus, und das wollte etwas heißen, da er Mutters Kochkunst immer erlag. Ich, sein jüngster Sohn Paul, konnte ebenfalls nicht widerstehen, wenn zum Mittagessen geblasen wurde. Einem unserer Mitbewohner, ein Student aus Leipzig, fiel, wenn er keine Vorlesungen hat, nämlich die Aufgabe zu, auf einem Schofarhorn zu Tisch zu bitten. Fragt mich nicht, was das für ein Ton war, scheußlich, kann ich nur sagen. Aber das kam vielleicht auch daher, weil der Student nicht zu blasen verstand. Ein Schofarhorn, das Horn eines Widders oder Schafbocks, ertönte bei den Israeliten immer bei einer Schlacht. Ich weiß, wie das Horn in unsere Familie gekommen ist. Vater hat es von der jüdischen Gemeinde geschenkt bekommen, weil er einmal gepredigt hat, dass Jesus ja auch ein Jude war. Doch er hat seine Meinung zu den Juden später, glaube ich, geändert, weil er ihnen nicht verzeihen konnte, dass sie Jesus ans Kreuz geschlagen haben. Doch das waren ja eigentlich die Römer; aber am Todesurteil haben sie nach Vaters Meinung Schuld.
Also, nach einem langen Arbeitstag kam Vater aus seinem Studierzimmer. Er hatte mehrere Briefbögen vollgeschrieben. Seit im vorletzten Jahr erstmals eine Krippe in der Stadtkirche zu sehen war, sind immer mehr Personen hinzugekommen. Neben Maria und Josef und den Hirten erschienen die

Heiligen Drei Könige, die Herodes ganz schön hereingelegt haben, weil sie nach dem Besuch im Stall zu Bethlehem nicht mehr zu ihm zurückgekehrt sind, worum er sie gebeten hatte. Herodes war ein Schlitzohr, dem durfte man nicht trauen. Dann kamen noch einige Personen hinzu, die wie Wittenberger Bürger aussehen. Sogar ein Landstreicher ist dabei und ein Krüppel. In diesem Jahr sollen auch Ochs und Esel an der Krippe stehen, keine echten natürlich, sondern Nachbildungen, geschnitzt wie Maria und Josef und das Jesuskind.
Wir, das heißt Martin und ich, haben gefragt, was Ochs und Esel an der Krippe zu suchen haben. Vater hat geantwortet, diese Tiere gehörten wintertags nun einmal in einen Stall, und sie symbolisierten die Armut, in die Jesus hineingeboren wurde. Außerdem seien Tiere auch Teil der Schöpfung und durch die Geburt des Gottessohnes wie die Menschen erlöst. Das habe ich zwar nicht verstanden, aber egal.
Vater rief uns also zu sich heran und drückte jedem von uns zwei Papierbögen in die Hand. Die waren voll mit seiner Schrift. Er hatte sich extra Mühe gegeben, sauber und lesbar zu schreiben. Sonst kann man seine Handschrift nämlich kaum entziffern, so krakelig ist sie. Wir standen also an Vaters Schreibpult einander gegenüber.
„Wir spielen jetzt eine Szene aus meinem Krippenspiel, das im Chorraum der Kirche aufgeführt werden soll. Du, Martin, bist der Ochs, und du, Paul, der Esel."
Ich protestierte; ich wollte kein Esel sein. Das ernste Gesicht des Vaters ließ mich aber augenblicklich verstummen.
„Die weiteren Rollen werde ich mit Jungen und Mädchen des Kinderchores besetzen. Ihr werdet allesamt die Heilige Familie darstellen. Die geschnitzten Figuren der Krippe sollen lebendig werden.
„Kann ich nicht der Josef sein?", fragte ich.

„Er kann ja die Maria spielen!“, rief Martin. Da drohte ihm Vater, mit der Sache sei nicht zu spaßen. Ein Krippenspiel sei eine ernste Angelegenheit, wie ein Gottesdienst. Ochs und Esel könnten die Szenen dagegen etwas aufheitern.
Wir standen nun beidseitig von Vaters Schreibpult. „Du, Martin, beginnst mit dem Dialog.“
Martin las: „In der letzten Nacht hast du gestrampelt und gestöhnt, dass es einem in der Seele wehtat. Bist du etwa krank?“
Jetzt war ich, der Esel, dran: „Krank? Woher! Ich hatte einen wunderbaren Traum!“
Der Ochs: „So, so! Ich mache mir Sorgen um dich, und du genießt einen Traum. Wie ärgerlich.“
Jetzt musste ich als Esel sagen: „Verzeih mir, Bruder, dass ich dir Unannehmlichkeiten bereite. Ich habe etwas Wunderbares im Traum gesehen.“
Ochs: „Merkwürdig, und ich dachte, ein Heer Ameisen sei dir über den Leib gekrochen.“
Ich sprach mit erhobener Stimme: „Ich habe einen Engel geschaut.“
Martin, der Ochse, sollte jetzt ärgerlich sein. Er war jedoch besonders ärgerlich, denn er trat mir vors Schienbein und ich schrie erst „Aua!“, dann sprach der Ochse: „Einen Engel? Du hast gestern Abend wohl zu viel Heu gefressen, was? Das drückt dir im Magen und erzeugt Alpträume.“
„Ein Engel ist kein Alptraum, sondern ein Bote Gottes“, hatte ich darauf feierlich zu sagen.
Ochs: „Und der kommt ausgerechnet zu dir und nicht zu den Menschen, was?“
Esel: „Es handelt sich hier nicht um einen normalen Fall. Der Engel sagte im Traum zu mir, dass er gerade auf dem Weg zu den Hirten auf dem Felde sei, zuvor aber mit mir zu sprechen wünsche.“

Martin war irritiert. „Vater, ist das wirklich wahr? Dem blöden Paul erscheint ein Engel?"
Vater holte tief Luft. Das bedeutete nichts Gutes. „Paul ist nicht blöde, er ist im Spiel ein Esel und du ein Ochs, hast du verstanden?
„Was du nicht sagst", sagte der Ochs zum Esel. „Dich will ein Engel sprechen? Bist du ein Diplomat oder ein Herrscher, dessen Meinung der Himmel einholt, bevor er zu den Menschen redet?"
„Nein, nein, aber um einen Herrscher ging es in meinem Traum. Um einen König, der im Stall geboren wird und bald der Retter der Welt ist."
„An dieser Stelle musste Martin meine Stirn befühlen: „Nein, Fieber hast du nicht. Aber bist du wirklich klar im Kopf?"
„So wahr ich dein Stallgenosse bin, Bruder Ochse. Der Engel sagte zu mir, in der kommenden Nacht werde in unserem Stall der Heiland der Welt geboren, der Messias."
„In unserem Stall?" Jetzt musste Martin nach der Spielanleitung aufspringen.
„Ja, in unserem Stall. Es sind zwei Menschen auf dem Weg hierher, Josef und Maria. Die Frau wird bald ihr Kind bekommen."
„Räum auf!", rief Martin, der Ochs, „räume endlich deine Gerümpelecke auf, damit es im Stall etwas gemütlicher wird."
„Und du?", fragte ich, der Esel, „und was machst du?"
„Ich muss nachdenken", erwiderte der Ochse mit ernster Miene. „Ich muss wissen, warum ein König in einem Stall geboren wird und ein Engel einem Esel ein so großes Geheimnis anvertraut."
„Vielleicht", sagte ich Esel versonnen, „weil wir Tiere die Geheimnisse des Himmels besser verstehen als die Menschen."

Bis hierhin waren wir gekommen, das sagte Vater: „Jetzt machen wir erst einmal eine Pause. Im Stück erscheinen nun Maria und Josef. Sie machen einen erschöpften Eindruck.“ Vater sah auch erschöpft aus, er hatte so viel Text zu Papier gebracht. Aber seine Augen leuchteten und das Leuchten steckte uns an. In diesem Augenblick hatte ich nichts mehr dagegen, ein Esel zu sein.

Heilige Nacht

„Ihr habt ja wieder nichts gegessen, Herr!“ Eva, die Magd, war unbemerkt ins Arbeitszimmer von Martin Luther getreten – oder hatte er das Klopfen nicht bemerkt? –, und blickte auf das Tischchen mit den erkalteten Speisen. „Ich hatte mir so viel Mühe gemacht mit der Abendmahlzeit.“

Martin Luther blickte von seiner Schreibarbeit auf. Der Tisch, an dem er saß, war übersät mit Blättern, zwei Kerzen flackerten auf klobigen Haltern zwischen den Papieren und erhellten notdürftig den Platz, an dem er seine Notizen niederschrieb.

„Verzeih, Eva, ich war nicht hungrig.“

„Wie soll das weitergehen, Herr Doktor? Immer seltener rührt Ihr meine Speisen an, seit die Frau Lutherin das Regiment in der Küche wegen des Wickelkindes abgegeben hat. Koche ich Euch nicht gut genug?“ Eva stand verzweifelt vor dem Hausherrn und nagte an der Unterlippe.

„Das hat nichts mit deiner Kunst zu tun, gute Eva. Du bist meiner Frau und mir eine teure Magd. Gott lohn‘ es dir.“ Martin Luther schenkte Eva ein aufmunterndes Lächeln.

„Ein leer gegessener Teller würde mich mehr belohnen“, schmollte Eva.

Vom nahen Kirchturm kündete die Uhr die zwölfte Stunde an. „Mitternacht. Nun aber husch ins Bett, Eva. Der neue Tag schaut bald durchs Fenster.“

Eva unterdrückte ein Gähnen, nahm das Tablett mit dem Geschirr auf und ging kopfschüttelnd hinaus. Martin Luther legte das Schreibzeug beiseite und ging in seiner Studierstube auf und ab. Zwölf Uhr und immer noch nicht fertig! Wie schwer fiel es ihm in diesem Jahr, seine Weihnachtspredigt auf den Punkt zu bringen! War er überarbeitet? Überlastet? – Nun, die Tage im Keller bei den Bastelarbeiten hatten ihre Spuren in Form von Rücken- und Muskelschmerzen hinterlassen. Und im Sommer hatte die Übertragung der Bibel ins Deutsche viel Mühe und Schweiß gekostet. Gewiss trugen auch die vergangenen Jahre der religiösen Unruhe und der politischen Verfolgung zur derzeitigen Situation bei. Wie hätte der Reformator sie durchgestanden ohne Gottes Beistand und Hilfe?

Die vielen Enttäuschungen ... Der Schmalkaldische Bund, das am 27. Februar 1531 geschlossene Verteidigungsbündnis protestantischer Fürsten und Städte unter Führung von Kursachsen und Hessen gegen die Religionspolitik Kaiser Karls V. zeigte erste Ermüdungserscheinungen. Und was lag nicht sonst noch im Argen? Luthers Gegner formierten sich, darunter auch Theologen, die er zuvor als Freunde bezeichnet hatte. Die Uneinigkeit seiner Amtsbrüder schmerzte ihn. Der Streit entbrannte vornehmlich zwischen ihm und Ulrich Zwingli sowie beider Anhänger um die Abendmahlslehre. Martin Luther stützte die katholische traditionelle Auffassung und berief sich dabei auf bekannte Bibelstellen, wonach in Brot und Wein Jesus Christus wirklich gegenwärtig sei, während für Zwingli und seine Gefolgsleute das Abendmahl lediglich eine Erinnerungszeremonie bedeutete, bei der der Herr nur in geistlicher Weise anwesend sei.

Diese Uneinigkeit im Denken und die kontroversen Diskussionen beeinträchtigen Gesundheit und Wohlergehen. Luther fühlte sich ausgelaugt, auch wenn ihn das lärmende und quirlige Leben seiner Kinder um ihn her nicht störte, sondern

im Gegenteil auf andere Gedanken brachte. Kinderlärm war ihm vertraut wie das bunte, nicht minder laute Studentenleben. Wenn seine Kinder zu seinen Füßen spielten, fühlte er sich wohl.
Im Zimmer nebenan begann ein Kind zu weinen. Luther horchte auf, ein Lächeln glitt über sein Gesicht. Erst vor wenigen Tagen, am 17. Dezember 1534, war seine Frau mit dem sehnlichst erwarteten Kind niedergekommen. Es war ein Mädchen und wurde auf den Namen Margarete getauft. Dankbar wendete sich sein Blick zum Kreuz. „Du hast mich getröstet, Herr. Du hast mir eine Familie geschenkt. – Wie still ist die Nacht. Ich höre die Stunden durch das All rauschen, dir zu Ehre, du Schöpfer der Welt."
Martin Luther kehrte an seinen Arbeitsplatz zurück und nahm die Feder wieder zur Hand. Er begann zu schreiben. „Gibt es größeren Trost, meine Schwestern und Brüder, als den, zu wissen, dass Gott Mensch geworden ist und als Kind in unsere Mitte kommt? Dieses Geheimnis wird ewig das größte aller Zeiten bleiben: Gott ist Kind, so klein und winzig wie ein hilfloser, neugeborener Mensch, aber ausgestattet mit dem Königtum des Himmels und des Kreuzes, das uns Erlösung bringt von aller Schuld."
Wieder vernahm Luther das Weinen der kleinen Margarete aus dem Nebenraum. Da öffnet sich die Tür und Katharina erschien, das Töchterchen auf dem Arm.
„Bist noch bei der Arbeit, Martin?", fragte sie überrascht. „Du bringst dich um allen Schlaf. Die Nacht ist vorgerückt. Komm, geh zu Bett, lieber Mann. Die nächsten Tage erfordern all deine Kraft."
Martin Luther ging zwei Schritte auf Katharina zu. Er schaute erst auf das Kind in ihren Armen, dann blickte er seine Frau an. „Das ist es ja, was mich schlaflos macht, meine liebe

Katharina – die Weihnachtspredigt. Sie will mir in diesem Jahr nicht gelingen."

Katharina bot ihrem Mann das Kind an, legte es behutsam in seinen Arm. Zärtlich blickte Luther auf das Mädchen, das jetzt zu weinen aufgehört hatte.

„Du überforderst dich, Martin", sorgte sich Katharina. „Du meinst, jedes deiner neuen Werke müsse besser als das letzte sein, jede neue Predigt noch treffender als die zurückliegende. Wohin soll das führen? Der Mensch ist kein Windrad, das unentwegt angetrieben werden kann."

„Ich kann doch nicht anders. Wenn ich anders könnte – ich meine, jede meiner Schriften müsse klarer sein als die letzte. Der Mensch ist ja nie perfekt, nie so vollkommen wie Gottes Wort. Die Bibel ist mein Maßstab. Ihr muss und werde ich alles unterordnen, was ich geschrieben habe oder noch zu Papier bringen werde. Ach, hätte ich vielleicht manches Wort noch überdacht und überschlafen – vielleicht wäre es nicht so hart ausgefallen. Schließlich, Käthe, sind auch meine Gegner Freunde Gottes und er liebt sie wie er hoffentlich auch uns liebt."

Luther übergab Margarete wieder ihrer Mutter. Die Worte seiner Frau hatten ihn kaum ruhiger werden lassen. Er trat ans Fenster und blickte in die Nacht hinaus. Sterne standen hoch am Himmel, hielten glitzernd Wacht über die schlafende Erde. Der Schnee deckte, so schien es, alle Sorgen zu.

„Ich darf die Menschen nicht enttäuschen", seufzte Luther. Es hatte den Anschein, als spreche er zu der Stadt, die vor dem Fenster lag, statt zu Katharina, seiner Frau. „Ich habe zu viel Unruhe in die Welt gebracht. Gewiss, mein Aufstand gegen die Amtsträger in der Kirche war ein Protest, der sich gegen fehlgeleitete Formen des Glaubenslebens, gegen erstarrtes theologisches Gedankengut und gegen den Missbrauch der Religion richtete. Ich habe die Weltordnung vieler Menschen erschüttert, und die Folgen sind noch nicht abzusehen. Ich darf mir keine Schwäche erlauben."

Katharina schmiegte ihren Kopf an die Schulter ihres Mannes. Luther blickte noch immer in die dunkle Stadt hinaus.

„In Mainz, in Bamberg, in Straßburg und Basel, in Nürnberg und Köln wird deine neue Bibelübersetzung gedruckt, lieber Martin. Ist das keine Leistung, mit der du zufrieden sein darfst?"

Martin Luther rang die Hände. „Das ist es ja gerade. Aller Augen sind auf mich gerichtet, und ich armer Mensch fühle mich so schwach, so kraftlos. Nicht einmal eine Predigt bekomme ich zustande."

„Eine Weihnachtspredigt, Martin, ist gewiss keine normale Ansprache", tröstete Katharina. „Aber du bist nicht schwach. Du bist nur müde. Hast du kein Recht dazu, müde zu sein? Der Schlaf ist dazu da, sich zu erholen, neue Kräfte zu sammeln. Geh zu Bett, Martin, morgen ist wieder ein Tag. Du wirst sehen, er stattet dich mit neuen Kräften aus."

Martin Luther gab Katharina einen Kuss auf die Wange, dann beugte er sich zu Margarete nieder. „Du hast es gut. Du schläfst in den Armen eines Engels."

„Der deine wird recht böse mit dir sein, wenn er Nacht für Nacht an deiner Seite wachen muss", gab seine Frau augenzwinkernd zu bedenken. „Schaut es nicht aus wie ein Christkind, unser Margaretchen? Ist es nicht ein Gottesgeschenk zur Heiligen Nacht? Doch nun komm, komm, lieber Mann, es ist höchste Zeit, sich zur Ruhe zu begeben." Katharina gab ihrem Mann einen freundschaftlichen Schubs und drängte ihn vom Fenster weg.

„Lass Käthe", bat Luther, „nur einen Augenblick noch bitte ich um Zeit. Was du da eben sagtest, bringt mich auf eine

Idee zu einem Lied. Ich muss es sogleich aufschreiben, bevor die Eingebung verflogen ist. Es ist ein Geschenk zur Heiligen Nacht."

Luther kehrte mit verhaltener Freude und auf sonderbare Weise erfrischt an den Schreibtisch zurück. Eine Kerze war niedergebrannt. Er entzündete eine neue und tauchte die Feder ins Tintenfass. Dann begann er nachdenklich zu reimen:

Vom Himmel hoch, da komm ich her.
Ich bring' euch gute neue Mär,
Der guten Mär bring ich so viel,
Davon ich singn und sagen will.

Euch ist ein Kindlein heut' geborn
Von einer Jungfrau auserkorn,
Ein Kindelein, so zart und fein,
Das soll eu'r Freud und Wonne sein.

Es ist der Herr Christ, unser Gott,
Der will euch führn aus aller Not,
Er will eu'r Heiland selber sein,
Von allen Sünden machen rein.

Er bringt euch alle Seligkeit,
Die Gott der Vater hat bereit,
Dass ihr mit uns im Himmelreich
Sollt leben nun und ewiglich.

So merket nun das Zeichen recht:
Die Krippe, Windelein so schlecht,
Da findet ihr das Kind gelegt,
Das alle Welt erhält und trägt.

Des lasst uns alle fröhlich sein
Und mit den Hirten gehn hinein,
Zu sehn, was Gott uns hat beschert,
Mit seinem lieben Sohn verehrt.

Merk auf, mein Herz, und sieh dorthin!
Was liegt dort in dem Krippelein?
Wes ist das schöne Kindelein?
Es ist das liebe Jesulein.

Sei mir willkommen, edler Gast!
Den Sünder nicht verschmähet hast
Und kommst ins Elend her zu mir,
Wie soll ich immer danken dir?

Ach, Herr, du Schöpfer aller Ding,
Wie bist du worden so gering,
Dass du da liegst auf dürrem Gras,
Davon ein Rind und Esel aß!

Und wär' die Welt vielmal so weit,
Von Edelstein und Gold bereit',
So wär sie doch dir viel zu klein,
Zu sein ein enges Wiegelein.

Der Sammet und die Seide dein,
Das ist grob Heu und Windelein,
Darauf du König groß und reich
Herprangst, als wär's dein Himmelreich.

Das hat also gefallen dir,
Die Wahrheit anzuzeigen mir:

Wie aller Welt Macht, Ehr und Gut
Vor dir nichts gilt, nichts hilft noch tut.

Ach, mein herzliebes Jesulein,
Mach dir ein rein, sanft Bettelein,
Zu ruhen in meins Herzens Schrein,
Dass ich nimmer vergesse dein.

Davon ich allzeit fröhlich sei,
Zu springen, singen immer frei
Das rechte Susaninne schon,
Mit Herzenslust den süßen Ton.

Lob, Ehr sei Gott im höchsten Thron,
Der uns schenkt seinen ein'gen Sohn.
Des freuen sich der Engel Schar
Und singen uns solch neues Jahr.

Luther allein mit Laute

Der Gast

Dem Herrn Doktor wurde der Besuch eines Gastes aus dem fernen Westfalen gemeldet.

„O, mein lieber Westermann! Seid mir herzlich willkommen!“, rief Luther und eilte dem Besucher entgegen. „Habt Ihr Euch bei diesem winterlichen Wetter zu Fuß aus dem fernen Lippstadt aufgemacht?“

„Nein, nein, Herr Doktor, diesmal konnte ich mir ein Pferd leisten. Zwar hat es mich bei Magdeburg in den Straßengraben geworfen, aber ich habe den Sturz gut überstanden. Zum Glück war der Graben ohne Wasser, sonst wäre es nicht so glimpflich ausgegangen.“

Johann Westermann legte den Mantel ab und rieb sich die Hände. Luther rief nach einer heißen Tasse Tee. „Ihr werdet Euch nach der langen Reise wärmen und stärken wollen, mein lieber Westermann. Ich werde in der Küche Bescheid geben.“

„Nein, nein, Herr Doktor, nicht eher, als bis ich ein paar Worte mit Euch gewechselt habe. Denn es war mir ein Herzensbedürfnis, Euch auf der Durchreise wiederzusehen. Ich erinnere mich dankbar meiner Studienzeit hier in Wittenberg.“

Luther schlug dem Besucher kameradschaftlich auf die Schulter. „Und der Aufsehen erregende Auftritt Andreas Bodensteins bei Eurer Promotion hat unter den Theologen eine Weile für Gesprächsstoff gesorgt.“

Beim Dekan der Wittenberger Universität, Andreas Bodenstein, genannt nach seiner Heimat „Karlstadt“, hatte auch Luther 1512 promoviert. Die Reformation verdankte Karlstadt die Feier des Abendmahles in beiderlei Gestalt und die erste evangelische Messe auf Deutsch. Allerdings hatte er für die Abschaffung der Heiligenbilder und der Kirchenmusik plädiert, die nach seiner Meinung von der Andacht während des Gottesdienstes abhielten. Außerdem widersetzte er sich dem Zölibat. Der sangesfreudige Luther, Schöpfer so mancher Kirchenlieder und Förderer des Gemeindegesangs, konnte sich mit dieser Entwicklung nicht anfreunden. Weihnachten ohne die zu Herzen gehende Lieder? Nein, das wäre ja unmenschlich!

Johann Westermann war wie einst Martin Luther Augustinermönch und hatte dazu beigetragen, dass die Reformbewegung in den Klöstern dieses Ordens Fuß fasste. Jetzt war er ein eifriger Verfechter der lutherischen Lehren und hatte in Lippstadt zwei Bücher in Auftrag gegeben, eins mit Predigten über die zehn Gebote, das andere hieß „Eyn suverlyke underwysinge, wy men beden schal."

„Ihr seht müde aus, Herr Doktor", bemerkte Westermann, nachdem er sich Luther am Kamin gegenübergesetzt und ihn eingehend betrachtet hatte. „Ihr nehmt Euch zu viel vor, das ist von Übel."

„Nicht doch", wehrte Martin Luther ab. „Sagt mir lieber, wie es bei Euch steht."

„Seit Gerhard Oemeken die neue Kirchenordnung bei uns ausgearbeitet und vorgestellt hat, nimmt der Einfluss konservativer Kreise zu. Vor allem der Landesherr, der Graf zu Lippe, und Herzog von Jülich-Kleve-Berg machen uns Schwierigkeiten. Ich fürchte, dass wir dem Druck nicht lange standhalten und die kirchlichen Neuerungen zurücknehmen müssen. Im benachbarten Soest gibt es andere Entwicklungen, seit der frühere Dominikaner Thomas Boschwede in der

Stadt die Reformation gepredigt hat. Am Thomastag 1531 kam es zum Aufstand, die altgläubigen Bürgermeister wurden von den Aufständischen eingesperrt."

„Thomastag – auch heute ist der 21. Dezember, Westermann!", rief Luther. „Gibt es bei Euch immer noch den Brauch, Langschläfer zu nasführen?"

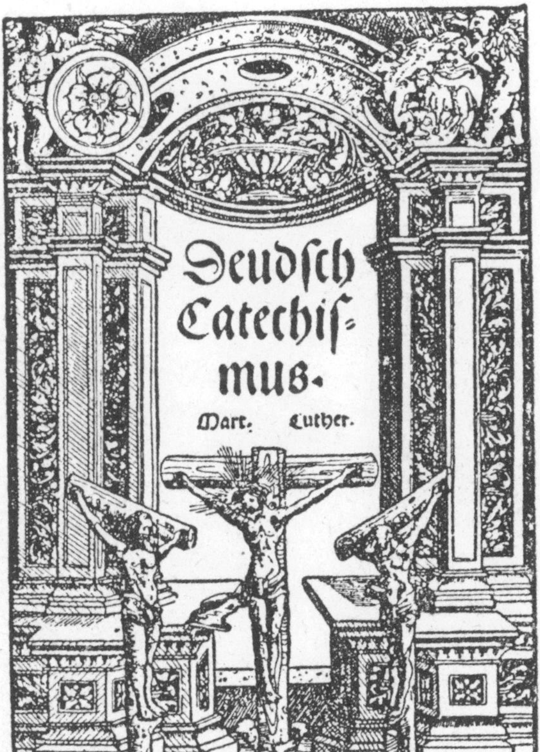

„O ja, Herr, solche Bräuche vertreibt auch die Reformation nicht. Am längsten Tag und der kürzesten Nacht des Jahres, die dem Apostel Thomas, dem Zweifler, geweiht sind, wird der, der am längsten schläft, Thomasesel oder Tomsiedel gerufen. ‚Thomasesel, Eulenkopp – stehet um neun Uhr erst opp', sagte der Volksmund. Hat die Schlafmütze Humor, so lachte sie mit. Manche Menschen lassen sich jedoch nicht auf den Arm nehmen und machen eine säuerliche Miene zum lustigen Spiel. Und wenn dann noch Heu auf ihrem Platz liegt, treibt ihnen der Zorn die Röte ins Gesicht. Vergeblich der Trost: ‚O je! Ich bin der Letzte! Doch sonst der Allerbeste!'"

Johann Westermann nahm einen Schluck heißen Tees, den Brid vor ihn hingestellt hatte. Dann nestelte er an seinem Gepäck und zog zwei ansehnliche Bauernwürste heraus. „Ein kleiner Gruß aus dem fernen Westfalen", sagte er lächelnd „das sich der Reformation erst spät geöffnet hat."

„Dann aber nicht zuletzt dank Eurer Hilfe, mein lieber Westermann", dankte Martin Luther und nahm das Geschenk mit sichtbarem Wohlwollen entgegen.

„Die Würste entsprechen in ihrem Geschmack gewiss dem ersten evangelischen Buch Eures Landes, dem Katechismus, den Ihr, mein Freund, verfasst und herausgegeben habt. Ein gutes Werk."

Zu Luthers Rechtfertigungslehre hatte Johann Westermann geschrieben: „... dass der rechte Glaube, der vor Gott gilt, nichts anderes ist als die tröstliche Zuversicht zu Gott und ein Vertrauen darauf, dass Gott uns freundlich, gnädig und barmherzig sein will."

Vorfreude

Aus Luthers Studierstube erklangen die unbeholfenen Töne einer Flöte durch die nur angelehnte Tür in die Diele hinaus. Zweifelsohne waren es die Versuche eines Anfängers, der dem Instrument die kläglichen Töne entlockte. Wiederholt setzte der Spieler an, immer wieder unterbrach er an derselben Stelle, bis er schließlich aufgab. Einen Augenblick war es still.

„Schwippschwager Martin hat mit Hans keinen Erfolg", sagte Muhme Lene zu Katharina von Bora, der Mutter des Jungen. „Er bemüht sich, dem Kind die Flötentöne beizubringen, aber er scheint nicht musikalisch zu sein."

„Aller Anfang ist schwer", erwiderte Katharina und zog Lena von der Tür fort. „Wir sollten nicht lauschen, das bringt den Jungen noch mehr durcheinander."

„Wieso denn das?", ereiferte sich die Muhme. „Er sieht uns doch gar nicht."

„Wer weiß. Kinder spüren, wenn jemand in der Nähe ist, der ungefragt zuhört."

Muhme Lene schüttelte den Kopf, doch sie folgte ihrer Nichte in die Küche, wo ungewohnte Düfte den Raum beherrschten. Hier wurde gesotten und gebraten, Gemüse geputzt und getrocknetes Obst zerschnitten, eine Mehlspeise angerührt und Zuckerwerk gebacken. Die Mägde sangen bei der Arbeit, immerhin war Weihnachten, und alle freuten sich auf die Geburt des Christuskindes. Die Knechte richteten den großen Saal des „Schwarzen Klosters“ für die spätere gemeinsame Feier her. Wolf stielte einen Tannenbaum ein, zum wiederholten Mal kam er ins Haus. Der Doktor Luther wünschte es so.

Am 10. Dezember 1527 war dem Ehepaar Luther die kleine Elisabeth geboren worden. Doch die schlief nach nur einjähriger Lebenszeit in ihrem Grab in der Stadtkirche. Am 17. Dezember 1534, war die kleine süße Margarete auf die Welt gekommen. Im Gegensatz zu Elisabeth zeigte sie einen stärkeren Lebenswillen und gedieh prächtig. Muhme Lene führte die Aufsicht über die Luther-Kinder: Johannes, Hans gerufen, Magdalena, Martin und Paul. Margarete blieb in der Obhut der Mutter, weil sie regelmäßig gestillt und gewickelt werden musste.

Wieder erklang die Flöte aus dem Studierzimmer in die Diele hinaus. Jetzt war der Spieler offensichtlich sicherer in der Handhabung des Instruments, denn die Töne waren gleichmäßig und fest. Hans wird seine Sache gut machen, dachte Katharina, und diese Feststellung erfüllte die Mutter mit Stolz. Denn der Junge war erst acht Jahre alt. Sein Vater fordert von seinem Ältesten viel, vielleicht zu viel, dachte sie, denn er hatte seinen Sohn bereits mit vier Jahren in die Hände von Lehrern gegeben, statt ihn der häuslichen Liebe seiner Mutter und ihrem segensreichen Umfeld zu überlassen.

Martin bediente die Triangel. Man hörte aus der Studierstube, wie er die Flöte mit singendem Klang unterstützte, während Magdalena ihre helle und reine Stimme beim neuen Weihnachtslied „Vom Himmel hoch ...“ erklingen ließ. Vater Martin Luther hatte es anlässlich der Geburt seiner jüngsten Tochter gedichtet. Paul saß vor der Trommel. Er sollte das Lied durch feine, rhythmische Schläge unterstützen, doch er kam aus dem Takt und schlug wahllos auf das Fell.

„Wenn du bei der Bescherung auch so drauflosdrischt, wird Margarete zu weinen anfangen“, zürnte Vater Martin, „du musst behutsamer mit der Trommel verfahren. Stell dir vor, du streichst einem Vogel über den Kopf. So sanft muss es klingen.“

Als Katharina von Bora in der Diele die Schelte ihres Mannes vernahm, musste sie eingreifen.

„Martin, der Junge ist noch keine drei Jahre alt, wie soll er Rhythmus und Takt kennen?“ Sie wunderte sich, dass Paul nicht zu weinen begann, aber er sah seinen Vater nur verständnislos an und lachte, als die Mutter den Raum betreten hatte. „Paul hat das dicke Fell, das er bei seiner Trommel schikaniert“, sagte Luther, „er könnte einmal ein Krieger werden.“ Doch dann nahm er seinen Sohn in die Arme und flüstere: „Trag es mir nicht nach.“

Es war der Wunsch des Reformators, am Heiligen Abend ein Stündchen mit seiner Familie allein zu sein, bevor die große Hausgemeinschaft sich versammelte. Es kam selten genug vor, dass er das Glück mit den Seinen genießen konnte, denn allenthalben wurde er gefordert durch Besuche, Gespräche, Predigten und Verhandlungen. Doch nun war es bald soweit. Die Geschenke lagen versteckt bereit: Eine Puppe für Magdalena, ein Steckenpferd für Martin, ein Buch für Johannes, eine vom Vater selbst gefertigte Ente aus Holz auf Rädern, die Paul an einer Schnur hinter sich herziehen konnte. Katharina und die Muhme würden Umschlagtuch und Muff sowie einige Wollsachen erhalten. Ja, und für zusätzliche kleine Überraschungen hatten Vater Martin und Mutter Katharina ebenfalls gesorgt.

Friedensfürst

Während draußen die schneidende Kälte den wenigen Menschen die Luft zum Atmen nahm, kam die Familie in einem der zahlreichen Klosterräume zusammen, in dem das Ofenfeuer prasselte und eine anheimelnde Wärme verbreitete.
„Oh“, rief Doktor Luther und rieb sich die Hände, „wenn es in den Herzen der Menschen doch auch so warm würde wie in dieser Stube!“ Auf dem Tisch stand ein kleiner Tannenbaum, dessen Kerzen Katharina kurz zuvor entzündet hatte, und unter seinen Zweigen lagen die Geschenke für die Familie, dazu Gebäck, Äpfel, Nüsse und Mandelkerne. Paul wollte gleich nach dem Spekulatius greifen, doch der Vater hielt ihn zurück. Er nahm die Bibel und bat sich Ruhe aus.
„In dieser Nacht schenkt uns der Himmel ein Kind“, sagte er feierlich, „das Jesuskind, Gottes Sohn. Wir wollen hören, wie es dazu kam.“
Luther schlug das von ihm neu in Worte gefasste Lukas-Evangelium von der Christgeburt auf und begann zu lesen: „Es begab sich aber zu der Zeit, dass ein Gebot von dem Kaiser Augustus ausging, dass alle Welt geschätzt würde. Und diese Schätzung war die allererste und geschah zu der Zeit, da Cyrenius Landpfleger von Syrien war. Und jedermann ging, dass er sich schätzen ließe, ein jeglicher in seine Stadt.
Da machte sich auch auf Josef aus Galiläa, aus der Stadt Nazareth, in das jüdische Land zur Stadt Davids, die da heißt Bethlehem, darum dass er von dem Hause und Geschlechte

Davids war, auf dass er sich schätzen ließe mit Maria, seinem vertrauten Weibe, die ward schwanger. Und als sie daselbst waren, kam die Zeit, da sie gebären sollte. Und sie gebar ihren ersten Sohn und wickelte ihn in Windeln und legte ihn in eine Krippe; denn sie hatten sonst keinen Raum in der Herberge."
Luther blickte auf seine Kinder. Er sah Staunen, aber zugleich auch das Unverständnis in den Gesichtern. Nein, er musste mit eigenen Worten erklären, was in dieser Nacht in Bethlehem geschah. Und er begann zu sprechen. Mit jedem Satz wechselte nun die Spannung in den Mienen der Kinder, und zugleich wuchs das Interesse an den Geschehnissen der Heiligen Nacht. In die Stille danach fragte Luther leise: „Wollen wir jetzt unser neues Weihnachtslied singen?"
Er griff nach seiner Laute und schlug einen Ton an. Johannes rieb seine Flöte, als müsse er sie aus dem Schlaf wecken, die Triangel gab einen vorsichtigen Laut von sich, und Paul testete die Schlagkraft seines Schlägels. Mutter Katharina und Muhme Lene schwiegen lächelnd. „Zwei, drei! ‚Vom Himmel hoch …'" Die Melodie setzte ein, doch Magdalena schwieg.
„Warum singst du denn nicht, Kind? Wir warten auf deine Stimme!"
„Der Engel lügt", erklärte Magdalena knapp. Sie wirkte verstockt, presste die Lippen aufeinander und blickte zu Boden.
„Wieso, was meinst du?"
„Er hat den Menschen guten Willens Frieden versprochen."
„Ja, und?"
„Wir haben aber keinen Frieden."
„Wie meinst du das, Magdalena?", fragte der Vater.
„In Ungarn ist Krieg mit den Osmanen, du streitest mit anderen Theologen, und in der Küche keifen die Mägde mit den Knechten."

Luther holte tief Luft, Mutter Katharina zog ihre Tochter zu sich auf die Bank, die Muhme seufzte, sie sah den Hausfrieden gefährdet.
„Du hast recht", sagte Martin Luther nach einer Weile. „Wenn Frieden nicht in diesem Raum, in diesem Haus beginnt, kann er sich nicht auf der Welt ausbreiten. Du machst mich sehr nachdenklich, mein Kind. Was du gesagt hast, wird mir Anstoß für meine Weihnachtspredigt geben."
Er erhob sich, ging zu Magdalena hinüber und küsste sie auf die Stirn. In Katharinas Augen schimmerten Tränen.
„Ich möchte mein Geschenk!", rief Martin. „Oder hat uns der Herr Christ nichts gebracht?"
Zunächst wollen wir aber doch singen", bestimmte der Hausvater. „Vom Himmel hoch, da komm ich her …" Katharina und Muhme Lene unterstützen leise Magdalenas klare und helle Stimme. Alle blickten dabei auf den Lichterbaum, der dem Raum ein festliches Gepräge gab.
Margarete auf dem Schoß der Mutter begann leise zu quengeln.
„Spürt ihr's, sie stimmt in unseren Gesang mit ein!", rief der Vater, doch das wollte so recht niemand glauben.
„Vielleicht hat sie Hunger", meinte die Muhme.
Dann entdeckte Magdalena die Puppe. Mit einem Freudenschrei stürzte sie auf sie zu und hob sie wie im Triumph über ihren Kopf. Johannes schien allein mit einem Buch nicht ganz zufrieden zu sein; er hätte lieber ein Spielzeug gehabt. Da hob Vater Martin die Tischdecke und – da lag ja eine Trompete! Ach, und stand dort nicht auch ein Kaufladen mit selbstgedrechselten kleinen Schränken, einer Theke und Figuren aus dem Kaufmannsleben? Auch ein Kreisel kam zum Vorschein mit der dazugehörigen Peitsche, und ein Ball aus Stoff. Den hatte Katharina Luther selbst genäht.

Johannes wurde plötzlich unruhig. Er schob das Buch beiseite und auch die Trompete verschwand hinter der Weihnachtstanne. Er schien bedrückt, und die Mutter ahnte, dass er etwas auf dem Herzen hatte.
„Was ist los, Großer?“, fragte sie, aber so, dass es die anderen nicht mitbekamen.
Hans mochte es, wenn er mit „Großer“ angeredet wurde.
„Vor dem Haus warten zwei Jungen. Waisenkinder. Ich habe sie heute beim Schlittenfahren kennengelernt. Sie besitzen keine Winterjacken, und ihre Füße stecken in Holzpantinen. Ich habe gesagt, dass sie heute Abend zu uns kommen dürfen. Doch ich glaube, sie stören unseren Weihnachtsfrieden. Soll ich sie wegschicken?“

Familie Luther unterm Weihnachtsbaum

„Untersteh dich!“, rief die Mutter. „Da, nimm das Margaretchen. Ich werde selbst hinausgehen und sie hereinbitten.“
„Gut gemacht, Hans“, sagte der Vater, als er erfuhr, was los war.
Aus der Diele hörte man Wortfetzen. „Das werden Philipp Melanchthon und Justus Jonas sein“, sagte Martin Luther. „Lasst sie eintreten, und dann wollen wir mit allen im großen Saal Weihnachten feiern.“

Gottesdienst

Der Mitternachtsgottesdienst ging dem Ende zu. Während Vater Martin Luther noch am Altar stand und den Segen über die Gemeinde sprach, verbunden mit dem Wünschen für eine friedvolle Weihnacht, kämpfte Magdalena mit dem Schlaf. Zweimal bereits hatte die Mutter sie angestoßen, wenn die schmale Gestalt in der Bank vornüber zu sinken drohte und der Kopf ihr auf die Brust fiel. „Es dauert nicht mehr lange", flüsterte sie ihrer Tochter zu, „dann bist du erlöst."

Erlöst war wirklich das rettende Wort! Martin Luther hatte aber auch zu viele Gedanken in die Predigt gepackt. Natürlich meinte er es gut, er hatte viel nachzutragen, vor allem mehr vom Frieden dieser Nacht zu sprechen, vom Frieden, der in den vergangenen Monaten oftmals im Konfessionsstreit einer Zerreißprobe ausgesetzt worden war. Zum ersten Mal stand eine Krippe seitlich am Altar. Maria und Josef knieten anbetend vor dem Kind. Die Hirten waren gekommen, trugen Lämmer auf ihren Armen und machten erstaunte Gesichter. Natürlich hatten sie auch einige Geschenke überreicht, so hatte es jedenfalls den Anschein oder wurde den Gläubigen in Erzählungen nahegebracht. Die Heiligen Drei Könige würden erst einige Tage später kommen. Martin Luther hatte zusammen mit seinen engsten Theologenfreunden überlegt, ob man sie überhaupt auftreten lassen sollte, denn allein der Aufbau der Krippe mit den genannten Personen wurde in der Gemeinde kontrovers beurteilt. Dass sie nach der Tradition zum Weihnachtsgeschehen gehörten, war nach der Schrift eindeutig. In Sant´ Appolinare Nuovo in Ravenna und Santa Maria Maggiore in Rom gab es historische Beispiele dafür.

Magdalena hatte sich ihre eigenen Gedanken gemacht. Wer aus Palästina nach Wittenberg unterwegs war, brauchte viel Zeit. Nun, der Stern, der den Weg bis nach Bethlehem gewiesen hatte, würde sie auch jetzt nicht im Stich lassen. Hatten die Könige überhaupt eine Ahnung, wo Wittenberg lag? Je nachdem, welchen Weg die drei Weisen einschlugen, mussten sie über den Balkan reisen, wo es wie vor zweitausend Jahren noch viele Gefahren zu bestehen gab, oder sie hatten den Seeweg durch das Mittelmeer und den Atlantik um Portugal und Frankreich herum zu wählen, vorausgesetzt sie waren gut bei Kasse und konnten die Schiffspasssage zahlen. Am Ende mussten sie schon unterwegs notgedrungen einen Teil ihrer Geschenke veräußern, um zu Geld zu kommen. Ein wenig von dem schönen reinen Gold, das dem göttlichen Kind zugedacht war, oder aus dem Gefäß mit duftendem Weihrauch. Die Myrrhe, nein, die Myrrhe würden die Heiligen Drei Könige nicht in klingende Münzen umsetzen können. Myrrhe war bitter, und die meisten Menschen in diesem Teil der westlichen Welt wussten nicht, dass man im Orient daraus kostbare Duftwässer und Salben herstellen konnte.
„Wenn sie bis zum 6. Januar bei uns sein wollen, wird es höchste Zeit“, hörte Magdalena Maria sagen. „Bisher gibt es offenbar keine Kunde von ihnen.“
„Nein“, erwiderte Josef und blickte besorgt zum Himmel.
„Vielleicht dümpeln sie noch in einer Windflaute“, meinte der kleine Engel, der auf dem Dachsparren saß und bisher kaum aufgefallen war.

„Die Heiligen Drei Könige müssen bis zum 6. Januar aber unbedingt hier eintreffen, sonst kommt die Heilige Schrift ganz durcheinander", dachte Magdalena. Schlief sie? Lag sie in ihrem Bett? Oder saß sie immer noch in der Kirchenbank, neben sich die Mutter und Geschwister, denen es offenbar ähnlich erging wie ihr. Die Müdigkeit hatte sie alle mit zarten Händen ergriffen.

Josef, der sonst während des langen Tages im Stall schon mal ein Nickerchen hielt, wenn er nicht gerade ein paar Holzscheite ins Feuer warf oder die Windeln des Jesuskindes entsorgte, wurde von Stunde zu Stunde nervöser. „Irgendetwas muss aber geschehen, Maria, oder was meinst du?"

„Da pflichte ich dir bei, mein Lieber. Wir können ja auch nicht ewig in diesem Stall sitzen, sondern müssen dem Kind eine angemessene Wohnung bieten. So steht es nun mal in der Bibel."

Josef fühlte sich unbehaglich, denn nun lag es offensichtlich an ihm, in dieser Situation mit unsicherem Ausgang für Abhilfe zu sorgen. „In der Bibel steht vieles, was sich nicht so ereignet hat, wie es beschrieben ist", rechtfertigte er sich.

„Jetzt wird nicht geschlafen!", meldete sich der kleine Engel vom Dachsparren. „Wenn die Heiligen Drei Könige noch nicht in Sicht sind, so begnügt euch doch vorerst mit den Krippenfiguren aus der Marienkirche in Torgau. Die stehen unbenutzt auf dem Dachboden.

„Woher willst du das wissen?", fragte Josef nervös.

„Ich streife mal hier, mal da herum. Denn hier ist es doch allmählich langweilig", sagte der Engel schnippisch und zuckte die Achseln.

„Du meinst also, wir sollten uns der Heiligen Drei Könige von dort bedienen, damit die Weihnachtsgeschichte weiter geht?", fragte Josef zweifelnd.

Der Engel nickte. „Aber wenn dir der Weg zu weit ist – ich sehe, du hast Blasen an den Füßen von der Reise nach Bethlehem –, schick doch Magdalena, Luthers Töchterchen. Die macht ihre Sache sicher gut."
Josef beriet sich einen Augenblick mit Maria, und da der Gottesmutter auch keine bessere Lösung einfiel, stimmten beide dem Vorschlag des Engels zu.
„Willst du mich begleiten?", fragte Magdalena den Engel, stolz, mit dieser Aufgabe betraut worden zu sein. „Du findest dich in der Dunkelheit vielleicht besser zurecht als ich."
Doch der kleine himmlische Bote lehnte ab. „Ich fürchte mich vor den Fledermäusen", sagte er und schüttelte sich.
Magdalena zog Josefs Kittel an, denn sie wusste, dass Kirchböden in der Regel staubig sind, und versetzte sich mit einem Gedankensprung in die Torgauer Marienkirche. Der Dezembertag war grau, es lag Schnee. Das Hauptportal war merkwürdigerweise unverschlossen. Der Weg zum Dachboden führte über den Turmaufgang. Die Tür war nur angelehnt, als hätte man sie erwartet.
Magdalena tastete sich über die knarrenden Dielen zu dem Raum vor, in dem die nicht mehr benutzten Kirchengeräte abgestellt waren. Zwischen hohen Kerzenständern, Kruzifixen und Heiligenbildern entdeckte sie die eingemottete, mit einem grauen Tuch abgedeckte Krippe. Einem Nichteingeweihten hätten die Figuren wahrscheinlich einen Schreck eingejagt, denn sie hatten etwas Gespenstisches an sich, wie sie dunkel, totenstill und stocksteif vor Magdalena standen. Die demütig gebeugten Gestalten der Hirten beachtete Magdalena nicht, auch den Schafen und dem Hund schenkte sie keine Aufmerksamkeit, so wie sie auch Ochs und Esel links liegen ließ. Doch die aufrecht stehenden Heiligen Drei Könige erkannte Magdalena sofort an ihren Kronen und Turba-

nen. Es war der Augenblick, in dem sie den Stall von Bethlehem betreten und Jesus in der Krippe noch nicht entdeckt hatten, deshalb ihre aufrechte Haltung. Magdalena wusste aus der Geschichte, was sich wenige Sekunden später ereignet hatte: Sie waren beim Anblick des göttlichen Kindes in die Knie gesunken vor lauter Glückseligkeit …

„Entschuldigung“, sagte sie, während sie sich an den ersten König wandte, „Du bist gewiss Kaspar, nicht wahr?“

„Erraten“, nickte der König. „Mit wem habe ich die Ehre?“

„Verzeihung, ich hätte mich zuerst vorstellen müssen. Das heißt, du kennst mich ja bereits, nur ist es hier auf dem Dachboden so dunkel, dass du mich nicht richtig sehen kannst. Ich bin Magdalena, des Doktor Luthers Töchterchen. Ich komme im Auftrag Josefs, des Sohnes Davids, des Nährvaters …“

Beim Wort „Nährvater“ zuckte Magdalena zusammen. Hatte ihr Josef im Geist da plötzlich nicht einen Rippenstoß gegeben? Das Wort liebte er nicht, das hatten ihm die Evangelisten angedichtet. Auch wenn er nicht der leibliche Vater des Jesuskindes war, so war er doch für weitaus mehr zuständig als für die Nahrungsbeschaffung der Heiligen Familie.

„Angenehm“, erwiderte Kaspar. „Ja, ich weiß. Es naht die Zeit, in der die Heiligen Drei Könige der Heiligen Familie die Aufwartung machen.“

„Mehr als die Aufwartung!“, rief Melchior, der zweite König, der Kaspar gegenüberstand. „Wir haben dem Kind gehuldigt, es angebetet, weil es himmlischer Herkunft ist.“

„Ja, ja“, sagte Kaspar etwas unwirsch. „Aber was nützt es, vergangenen Tagen nachzutrauen. Wir werden wohl keine Aufwartung mehr machen und die nächsten Jahrhunderte hier auf dem Dachboden verbringen.“

„Wieso denn das?“, rief Magdalena entsetzt.

„Ach, das kannst du nicht wissen“, mischte sich Balthasar ein.

Magdalena fuhr herum. Hinter ihr stand der dritte König, der mit dem schwarzen Gesicht, den sie in der Dunkelheit des Raumes bisher nicht wahrgenommen hatte.
„Mein Gott, hast du mich erschreckt!" Magdalena schüttelte sich. „Aber was meint ihr denn mit eurer merkwürdigen Andeutung?"
„Ja, das ist so eine Sache", ergriff Kaspar wieder das Wort. „Wir haben keinen Auftritt an der Krippe, weil es zwischen Christen immer noch Streit gibt. Nicht alle Pfarrer verstehen sich nämlich mit dem Herrn Doktor Luther, und manche wollen aus Protest keine Krippe aufstellen."
„Und deshalb stehen wir hier untätig herum", schaltete sich Melchior ein. Magdalena bemerkte in der Dunkelheit nicht, dass dem König eine Träne über die Wange lief.
„Und das habt ihr euch widerspruchslos gefallen lassen?"
„Was hätten wir dagegen tun sollen?", erwiderte Balthasar. „Wir sind ja in Wirklichkeit aus Gips und nicht nach Menschenart."
„Jemand hat mir, als wir hierher gebracht wurden, ein Stück von der Nase abgeschlagen", seufzte Kaspar. „Schau her." Er nahm Magdalenas Hand und führte sie in sein Gesicht. „Spürst du die Stelle, wo man die Nase wieder angeleimt hat?" Magdalena nickte.
„Mich haben sie bisher verschont", bemerkte Balthasar. „Vielleicht hat meine schwarze Gesichtsfarbe abgeschreckt, so wüst mit mir umzugehen."
„Das ist eine dumme Geschichte", sagte Magdalena, „und ihr tut mir aufrichtig leid. Aber zugleich sehe ich in eurem Missgeschick auch eine Chance." Ihr Gesicht hellte sich auf, doch die Könige sahen es in der Dunkelheit des Abstellraumes nicht. „Wisst ihr", fuhr sie fort, „da euch hier keine offizielle Aufgabe zugewiesen wird, kommt zu uns in die

Stadtkirche zu Wittenberg. Wir warten dort nämlich bisher vergebens auf die Weisen aus dem Morgenland."
Kaspar fasste sich an die geflickte Nase. „Bevor wir hier oben auf dem Dachboden versauern, sollten wir Magdalenas Vorschlag wohlwollend prüfen."
Einen Augenblick steckten die Heiligen Drei Könige die Köpfe zusammen und beratschlagten. Magdalena trat derweil einige Schritte zurück.
„Also, wir sind einverstanden", sagte Kaspar feierlich nach einer Weile. Luthers Töchterchen lächelte. Ihm fiel ein Stein vom Herzen.
„In drei Tagen ist es soweit", sagte Magdalena. „Könnt ihr bis dahin in Wittenberg sein?"

„Wer soll in drei Tagen in Wittenberg sein?" Katharina Luther schüttelte ihre Tochter an der Schulter. „Was träumst du denn, mein Kind? Ich höre dich fortwährend von Königen reden. Was ist denn los mit dir?
„Sind die Weisen aus dem Morgenland schon angekommen?" Magdalena setzte sich im Bett aufrecht und rieb sich die Augen. „Eben war ich noch in Torgau und habe mit den Königen gesprochen. Haben sie eine gute Reise gehabt?"
„Kind, hast du etwa Fieber?
Nein, die Stirn war warm, aber nicht heiß.
„Du hast ja merkwürdige Dinge im Traum erzählt."
„Im Traum?"
„Ja, du hattest kaum den Weg aus der Kirche nach Hause gefunden und warst schnurstracks ins Bett gefallen."
Magdalena wusste nicht, was sie erwidern konnte. Als die Mutter den Raum verließ, stieg sie leise aus dem Bett und schaute die Straße entlang. Nein, die Könige waren noch nicht eingetroffen. Es schneite. Ein eisiger Wind fegte durch

die Straße. „Ich hätte sie nicht überreden sollen, nach Wittenberg zu kommen – bei dem Wetter“, seufzte sie. Dann kroch sie wieder ins weiche Federbett.

Advents- und Weihnachtslieder von Martin Luther

Vom Himmel kam der Engel Schar

Vom Himmel kam der Engel Schar,
erschien den Hirten offenbar;
sie sagten ihn': „Ein Kindlein zart,
das liegt dort in der Krippen hart

zu Bethlehem, in Davids Stadt,
wie Micha das verkündet hat,
es ist der Herre Jesus Christ,
der euer aller Heiland ist."

Des sollt ihr alle fröhlich sein,
dass Gott mit euch ist worden ein.
Er ist geborn eu'r Fleisch und Blut,
eu'r Bruder ist das ewig Gut.

Was kann euch tun die Sünd und Tod?
Ihr habt mit euch den wahren Gott;
lasst zürnen Teufel und die Höll,
Gottes Sohn ist worden eu'r Gesell.

Zuletzt müsst ihr doch haben recht,
ihr seid nun worden Gotts Geschlecht.
Des danket Gott in Ewigkeit,
geduldig, fröhlich allezeit."

Hymnus. Veni redemptor gentium.

Nu kom der Heyden heyland/der yungfrawen kynd erkannd. Das sych wunnder alle welt/Gott solch gepurt yhm bestelt.

Nicht von Mans blut noch von fleisch/allein võ dem heyligen geyst/ Ist Gottes wort worden eyn mensch/vnd bluet eyn frucht weibs fleisch.

Der yungfraw leib schwanger ward/doch bleib keuschheyt reyn bewart Leucht erfur mãch tugẽd schon/Gott da war yn seynem thron.

Er gieng aus der kamer seyn/dem könglichen saal so reyn. Gott võ art vñ mensch eyn hellt/seyn weg er zu lauffen eyllt.

Seyn laufft kam vom vatter her/vnd keret wider zum vater. Fur hyn vndtern zu der hell/vnd wider zu Gottes stuel.

Der du bist dem vater gleich/fur hynnaus dẽ sieg yn fleisch/das dein ewig gots gewalt/ynn vnns das kranck fleysch enthallt.

Dein kryppen glentzt hell vnd klar/die nacht gybt eyn new liecht dar/tückel muß nicht komẽ dreyn/der glaub bleib ymer ym scheyn.

Lob sey Gott dem vatter thon/Lob sey got seym eyngen son. Lob sey got dem heyligen geyst/ymer vnnd ynn ewigkeyt.

Nun komm, der Heiden Heiland

Nun komm, der Heiden Heiland,
der Jungfrauen Kind erkannt,
dass sich wunder alle Welt,
Gott solch Geburt ihm bestellt.

Er ging aus der Kammer sein,
dem königlichen Saal so rein,
Gott von Art und Mensch, ein Held;
sein' Weg er zu laufen eilt.

Sein Lauf kam vom Vater her
und kehrt wieder zum Vater,
fuhr hinunter zu der Höll
und wieder zu Gottes Stuhl.

Dein Krippen glänzt hell und klar,
die Nacht gibt ein neu Licht dar.
Dunkel muss nicht kommen drein,
der Glaub bleib immer im Schein.

Lob sei Gott dem Vater g'tan;
Lob sei Gott seim ein'gen Sohn,
Lob sei Gott dem Heilgen Geist
immer und in Ewigkeit.

¶ Der hymnus. A solis ortu.

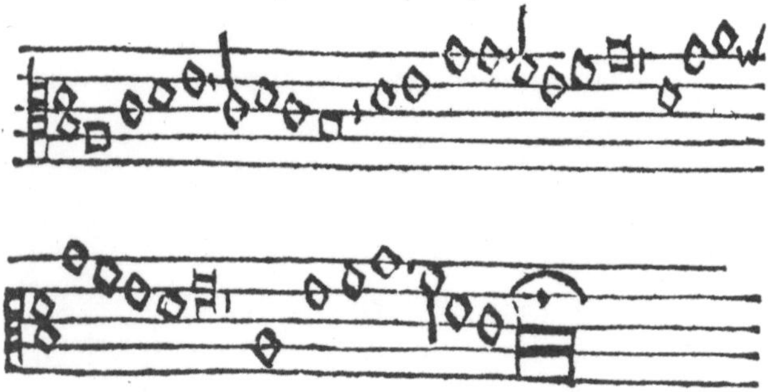

Christum wir sollen loben schon/ der reynẽ magd
Marien son. So weit die liebe sonne leucht/ vnnd
an aller welt ende reicht.
Der selig schepffer aller ding/ zoch an eins knech-
tes leib gering/ das er das fleisch durch fleisch er
worb/ vnd seyn geschepff nicht als verdorb.
Die götlich gnad von hymel groß/ sych yn die keu-
sche mutter goß/ Eyn medlin trug einn heymlich
pfand/ das der natur war vnbekand.
Das zuchtig haus des hertzen tzart/ gar baldt eyn
Tempel Gottis wart/ die kein man ruret noch er-
kand/ von gots wort sye man schwanger fand.
Die edle mutter hat geborn/ den Gabriel verhyeß
zuuorn/ den sanct Johans mit spryngen zeygt/ da
er noch lag ynn mutter leyb.
Er lag ym hew mit armut groß/ die krippen hart
yhn nicht verdroß. Es ward eyn kleyne milch seyn
speyß/ der nie keyn voglin hungern ließ.
Des hymels Chor sich frewen drob/ vnd die engel
syngen Got lob/ den armen hyrten wird vermeld/
der hirt vnd schepffer aller welt.
Lob ehr vnnd danck sey dir gesagt/ Christ geborn
von reyner magd. Mit vater vnd dem heylgẽ geist/
von nu an byß ynn ewigkeit.

Christum wir sollen loben schon

Christum wir sollen loben schon,
der reinen Magd Marien Sohn,
soweit die liebe Sonne leucht'
und an aller Welt Ende reicht.

Der selig Schöpfer aller Ding
zog an eins Knechtes Leib gering,
dass er das Fleisch durch Fleisch erwerb
und sein Geschöpf nicht gar verderb.

Des Himmels Chör sich freuen drob,
und die Engel singen Gott Lob,
den armen Hirten wird vermeldt
der Hirt und Schöpfer aller Welt.

Lob, Ehr und Dank sei dir gesagt,
Christe, geborn von reiner Magd,
mit Vater und dem Heilgen Geist
von nun an bis in Ewigkeit.

Gelobet seist du, Jesus Christ

Gelobet seist du, Jesus Christ,
dass du Mensch geworden bist
von einer Jungfrau, das ist wahr,
des freuet sich der Engel Schar.
Kyrieleis.

Des ew'gen Vaters einig Kind
jetzt man in der Krippe findt;
in unser armes Fleisch und Blut
verkleidet sich das ew'ge Gut.
Kyrieleis.

Den aller Welt Kreis nie beschloss,
der liegt in Marien Schoß;
er ist ein Kindlein worden klein,
der alle Ding' erhält allein.
Kyrieleis.

Das ew'ge Licht geht da herein,
gibt der Welt ein' neuen Schein;
es leucht't wohl mitten in der Nacht
und uns des Lichtes Kinder macht.
Kyrieleis.

Der Sohn des Vaters, Gott von Art,
ein Gast in der Welt hier ward
und führt uns aus dem Jammertal,
macht uns zu Erben in seim Saal.
Kyrieleis.

Er ist auf Erden kommen arm,
dass er unser sich erbarm
und in dem Himmel machet reich
und seinen lieben Engeln gleich.
Kyrieleis.

Das hat er alles uns getan,
sein groß Lieb zu zeigen an.
Des freu sich alle Christenheit
und dank ihm des in Ewigkeit.
Kyrieleis.

¶ Eyn deutſch hymnus oder Lobſang.

¶ Gelobet ſeyſtu Jeſu Chriſt / dz du menſch gebo-
ren biſt / von eyner yungfraw das iſt war / des fre-
wet ſych der engel ſchar / Kyrioleys.
Des ewigen vaters eynig kind / ytz man ynn der
krippen fynd / In unſer armes fleiſch vñ blut / ver-
kleydet ſych das ewig gut / Kyrioleys.
Den aller welt kreyſs nye beſchlos / der ligt yn Ma
ria ſchoſs. Er iſt eyn kindlin worden klein / der alle
ding erhelt alleyn Kyrioleys.
Das ewig liecht gehet da herein / gibt der welt ein
newen ſcheyn. Es leucht wol mitten yn der nacht /
und uns des liechtes kinder macht / Kyrioleys.
Der ſon des vatters Gott von ard / eyn gaſt yn der
welt ward. Unnd furt uns aus dem yamer tall / er
macht uns erben yn ſeym ſaal / Kyrioleys.
Er yſt auff erden kommē arm / das er unſer ſych er-
barm. Und ynn dem hymel machet reych / und ſey-
nen lieben Engeln gleich. Kyrioleys.
Das hat er alles uns gethan / ſeyn groß lieb zu zey-
gen an. Des frew ſych all Chriſtenheyt / vñ danck
yhm des ynn ewigkeit / Kyrioleys.

Inhalt